Leaves
Publishing

根
以讀者爲其根本

莖
用生活來做支撐

葉
引發思考或功用

果
獲取效益或趣味

李後主，你在說什麼？

王心慈◎編著
a John◎繪圖

忘憂草 ORANGE DAYLILY

李後主，你在說什麼？

編　著　者：王心慈
出　版　者：葉子出版股份有限公司
發　行　人：宋宏智
企　劃　主　編：萬麗慧、鄭淑娟、林淑雯、陳裕升
媒　體　企　劃：汪君瑜
活　動　企　劃：洪崇耀
責　任　編　輯：姚奉綺
文　字　編　輯：May
內　頁　插　畫：a John
美　術　編　輯：Amy
封　面　設　計：Amy
專　案　行　銷：吳明潤、張曜鐘、林欣穎、吳惠娟
地　　　　　址：台北市新生南路三段88號7樓之3
電　　　話：(02)23635748　　傳　真：(02)23660313
讀者服務信箱：service@ycrc.com.tw
網　　　　址：http://www.ycrc.com.tw
郵　撥　帳　號：19735365　　戶　名：葉忠賢
印　　　　刷：鼎易印刷事業股份有限公司
法　律　顧　問：北辰著作權事務所
初　版　一　刷：2004年8月　　定　價：新台幣280元
Ｉ　Ｓ　Ｂ　Ｎ：986-7609-30-1

總　經　銷：揚智文化事業股份有限公司
地　　　址：台北市新生南路三段88號5樓之6
電　　　話：(02)2366-0309
傳　　　真：(02)2366-0310

李後主，你在說什麼？／王心慈作.
初版.--台北市：葉子，2004〔民93〕
　　面：　公分.--（忘憂草）
　ISBN 986-7609-30-1（平裝）

　　1.修身 – 通俗作品
192.1　　　　　　　　　　93009919

※本書如有缺頁、破損、裝訂錯誤，請寄回更換

前言

　　在漫悠的中國歷史中，有些人留下的影響力既深且遠，他們的思想、智慧、勇氣、智謀、道德，成為我們學習與效法的對象。透過他們所留下來的有限文字及資料，讓我們得以速成的方式了解人生的內涵，進而正視、規劃自己的人生。

　　現在的世界，多采多姿、詭譎萬變，這是古人沒有辦法想像的。但現代人真的比古人更了解自己的世界、更洞悉生命的意義嗎？這也是現代人沒有辦法回答的。這個世界急遽發展的結果，除了速食文化之外，又讓現代人知道了些什麼？又懂得了些什麼？這又是令人尷尬、難回答的問題。

　　從此一叢書中，我們可以看到，有的先人以自己的思想著作影響世人，有的先人自己親身創造歷史，有的先人只想做天空裡的一片雲，卻不小心時時投影在你、我的心中。在歷經千年、百年後，在中國文化已然變質的今日，他們的人生依然讓我們心嚮往之，他們深藏在心底的智慧，依然以瀟灑、曠達、智詰、謀略、自然……的姿態展現在我們的眼前。

　　以一書一人物的活潑、輕鬆筆調請這些看似高居雲端的先人們走入凡間，走入我們的生活裡，一起探討我們所遺失的智慧在哪裡？我們是否太粗心，以至於讓智慧擦肩而過？我們的生活是否因為充塞了沒有生命的資訊而失去了生機？我們的人生是否應該做某種程度的調整，甚至和古聖先賢作連線？

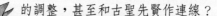

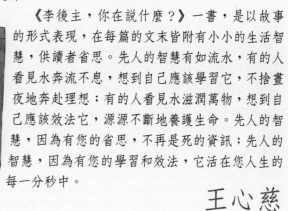

　　《李後主，你在說什麼？》一書，是以故事的形式表現，在每篇的文末皆附有小小的生活智慧，供讀者省思。先人的智慧有如流水，有的人看見水奔流不息，想到自己應該學習它，不捨晝夜地奔赴理想；有的人看見水滋潤萬物，想到自己應該效法它，源源不斷地養護生命。先人的智慧，因為有您的省思，不再是死的資訊；先人的智慧，因為有您的學習和效法，它活在您人生的每一分秒中。

　　　　　　　　　　　　　　　王心慈

目錄

藝術的人生……………………………………………012

薄命君王………………………………………………015

趙匡胤與李後主………………………………………018

國君淪為違命侯………………………………………021

大周后與小周后………………………………………024

最愜意的事……………………………………………027

吾愛吾弟………………………………………………030

奢華的宮廷生活………………………………………033

善於書法的李後主……………………………………036

宋太祖眼中的李煜……………………………………039

娥皇的愛嬌……………………………………………042

忠臣的下場……………………………………………045

問君能有幾多愁………………………………………048

李後主的詞藝…………………………………………051

一幅畫像………………………………………………054

陳喬的故事……………………………………………057

向權力看齊的人⋯⋯⋯⋯⋯⋯⋯⋯⋯060

國君的憂傷⋯⋯⋯⋯⋯⋯⋯⋯⋯⋯063

生命無常⋯⋯⋯⋯⋯⋯⋯⋯⋯⋯⋯066

漁父生活⋯⋯⋯⋯⋯⋯⋯⋯⋯⋯⋯069

先主李昇⋯⋯⋯⋯⋯⋯⋯⋯⋯⋯⋯072

周宗與徐鍇⋯⋯⋯⋯⋯⋯⋯⋯⋯⋯075

李後主的知己⋯⋯⋯⋯⋯⋯⋯⋯⋯077

中主李璟⋯⋯⋯⋯⋯⋯⋯⋯⋯⋯⋯080

失意的一代名士⋯⋯⋯⋯⋯⋯⋯⋯083

南唐忠臣⋯⋯⋯⋯⋯⋯⋯⋯⋯⋯⋯086

落魄書生獻策⋯⋯⋯⋯⋯⋯⋯⋯⋯089

天亡南唐⋯⋯⋯⋯⋯⋯⋯⋯⋯⋯⋯092

李煜之死⋯⋯⋯⋯⋯⋯⋯⋯⋯⋯⋯095

真誠自然的李煜⋯⋯⋯⋯⋯⋯⋯⋯098

大法眼禪師⋯⋯⋯⋯⋯⋯⋯⋯⋯⋯101

喜歡畫畫的李後主⋯⋯⋯⋯⋯⋯⋯104

南唐的禪風⋯⋯⋯⋯⋯⋯⋯⋯⋯⋯107

石頭和尚⋯⋯⋯⋯⋯⋯⋯⋯⋯⋯⋯110

李煜與趙佶…………………………………………113

詞的心、情與境…………………………………116

佛門中求解脫……………………………………119

文學的「天籟」…………………………………122

詞與禪的融合……………………………………125

莊子的影響………………………………………128

被世人所棄的孤獨………………………………130

病中有感…………………………………………133

悼念亡妻…………………………………………136

夜雨打芭蕉………………………………………139

征婦的辛酸………………………………………142

靈秀自然的詞章…………………………………145

芳草與落花………………………………………148

新月似當年………………………………………151

浮生若夢……………………………………154

名士的憂愁…………………………………156

南唐名詞人馮延巳…………………………159

閨中思情……………………………………161

歡樂的夢……………………………………164

秋風月影故國情……………………………167

落梅與春草…………………………………170

別離愁緒……………………………………173

離恨如流水…………………………………175

暮色中等郎歸………………………………178

倉皇辭宗廟…………………………………181

多少恨，昨夜夢魂中………………………184

藝術的人生

在中國古代，所謂「藝」指的是具體的技藝。孔子教學生禮、樂、射、御、書、數，合稱爲六藝。《禮記‧少儀》上說「士依於德，游於藝」的「藝」也是指上述的六藝。而《晉書》的《藝術傳》把藝術說成是「棄之如或可惜，存之又恐不經」的小道，連天文、曆算、陰陽、占侯、相術、巫醫都納入「藝」了。

不獨中國如此，西方亦然。古代西方不論建築師、陶工、裁縫、幾何學家……等都有他們那個領域的藝術，所以亞里斯多德曾將藝術界定爲「以恰當的知識製作某種東西的能力」。到了近代，當人們探討藝術的內涵時，不僅僅把藝術當成某種表現的技巧，更把它當作是一種生命的存在、一種人生的態度，或者是一種靈魂棲息的方式。人們試圖從生命本來的意義與人性的展示上試圖去更接近藝術的本體。

人們意識到當莊子講述鯤鵬圖南、列子御風等故事時，只是想從動亂時代中遭受到的痛苦得到解放，而這種追求心靈解放的精神，正是藝術的最高體現。人們也意識到莊子所說庖丁解牛、梓慶削木爲鐻的寓言所帶給人們的正是一種徹頭徹尾的藝術精神。而《莊子》首篇《逍遙遊》的「遊」即象徵了精神的自由解放，合於藝術的本性，因爲能遊的人，就是能把藝術精神呈現出來的人，也就是藝術化的人。

李後主便是這樣的人，因爲他的一生都在實踐藝術。在書法、繪畫、音樂、舞蹈以及詞章創作上，他都傾注了熱情，獲得了成就。因此，藝術成了李後主生命綠洲上的陽光雨露，他「遊」於繪畫、「遊」於書法、「遊」於樂舞、「遊」於詞章，他讓藝術在他的人生中不再只是一種功夫、技巧，更成就了他的生命，因爲它，生命有了價值。

從人性來說，李後主是那麼平易，但又高華；是那麼素樸，但又輝煌；是那麼瀟灑，但又執著。在他的眼中，萬物是有知覺、有靈性、有感情的。他用心靈與之交流，又從中獲得慰藉。這是一個身居君位而又多情善感的生命，只有在藝術的幻境中，他的脆弱心靈才得以安慰；只有在藝術的氛圍中，他才能呼吸到清新自由的空氣，他的生命才不會窒息。

李後主將自己的生命化成了藝術般的存在，他的人生就是藝術的人生。

李後主是能把藝術精神呈現出來的人，他是藝術化了的人。他「遊」於繪畫、「遊」於書法、「遊」於樂舞、「遊」於詞章，他讓藝術在他的人生中不再只是一種功夫、技巧，它成就了他的生命，因為它，生命有了價值。

生活智慧

李後主，你在說什麼？

薄命君王

林花謝了春紅，太匆匆。無奈朝來寒雨，晚來風。

胭脂淚，相留醉，幾時重？自是人生常恨水長東。

——李煜《同調》

南唐昇元元年（公元九三七年），農曆七月初七，俗稱「乞巧節」的這一天，在長江之濱古城金陵的吳王府裡，誕生了一個小小的生命，他就是被後世稱為「絕代才人‧薄命君王」的傑出詞人——李煜。

李煜，字重光，初名從嘉，登上南唐君位後始改名為煜。在南唐的三十九年歷史中，共有三位國主。第一位李昇，在位六年，廟號烈祖，史稱先生。第二位李璟，在位十八年，廟號元宗，史稱嗣主，又稱中主。第三位李煜，在位十五年，國亡於宋，故史稱後主。沿用下來，人們習慣稱他為「李後主」。

李煜的一生，大致上可以分為三個時期——前期，即二十五歲繼承君位以前，此時的身分是王子、太子；中期，即二十五歲到三十九歲，此時的身分是南唐國王；晚期，即三十九歲到四十二歲遽逝，此時的身分是大宋王朝的臣虜。

李後主短暫的一生，歷經了巨大的反差，正如唐圭璋在《李後主評傳》中所說：「他身為皇帝，富貴繁華到了極點，他身經亡國，不堪回首，悲哀也到了極點。正因為他個人經過如此極端的悲樂，遂使他在文學上的收成也格外豐盛。在歡樂的詞裡，我們看到一朵朵美麗的花；在悲哀的詞裡，我們看到一縷縷血淚的痕跡。」

然而，不管貴為皇帝也好，為人臣虜也罷，這些都不是李煜的本願，他只想做一個遠離塵寰、逍遙山林的隱士而已。李煜曾在南唐畫家衛賢所畫的一幅《春江圖》上題寫〈漁父詞〉，詞文如下：

> 浪花有意千重雪，桃李無言一隊春。
>
> 一壺酒，一竿身，世上如儂有幾人？
>
> 一櫂春風一葉舟，一綸繭縷一輕鉤。
>
> 花滿渚，酒滿甌，萬頃波中得自由。

一葉扁舟，一枝釣竿，逍遙自在的歲月，這就是李煜的志趣與理想，可惜，天不從願，他四十二年的歲月「自是人生常恨水長東」。

李後主既是亡國之君，也是傑出詞人。究竟是詞人的性情導致了他成為亡國之君的悲慘下場呢，還是亡國之君的人生經歷造就了他在詞藝方面的輝煌表現？我們無法下個結論，但「絕代才人・薄命君王」的李後主永遠活在後人的心中。

趙匡胤與李後主

　　趙匡胤，宋朝的開國之主——宋太祖，與李後主是截然不同的兩個人。他們的性格、氣質、抱負皆不同，當然結局也不同。

　　趙匡胤是個政治家，他靠軍事實力與政治手腕登上了皇帝寶座，在他身上你可以看到亂世英雄的王氣與霸氣。他心裡所想的不外乎如何建立新王朝，如何統一國家。傳說有個探子從蜀中回到汴京，趙匡胤問：「你在蜀地有何見聞？」探子答道：「成都境內處處皆可聽到兩句詩：『煩暑鬱蒸無處避，涼風清冷幾時來？』」趙匡胤說：「此乃蜀中人民望我率軍解救之意！」

　　李後主是位藝術家，在他腦海中所盤桓的不外乎如何寫字、作畫、吟詠詞章、排演樂舞。他缺乏執政的能力，甚至連當君王的興趣也沒有。

　　趙匡胤對征服南唐胸有成竹，採取先禮後兵的策略。開寶六年，他派使臣到金陵，以「朝廷重修天下圖經，史館獨缺江東諸州」的名義，要李後主獻出南唐地圖。開寶七年九月，又下達《諭李煜朝觀詔》，多次派遣使者傳達旨意，要李後主前往汴京。趙匡胤還當面對李後主的胞弟從鎰說：「卿可寫信致意國主（指李煜），勸他來京朝見。前來時必親往迎接，並以大府封賞之。此會面良好時機，切莫錯過。」

　　據《石林燕語》所記載，宋太祖考慮到李煜習慣了江南的山水之美，還在汴京修建了「禮賢宅」。宅內有面積廣闊的園池風景，一切只等李後主的到來。這自然是宋太祖的手段，其中有著籠絡、誘惑，當然也有逼迫就範的意思。

　　李後主始終畏懼宋太祖，他知道，前往汴京必然有去無歸，等於亡國。所以他一面以極謙卑的態度、極恭順的語氣上表宋太祖，同時又藉口身體不適，拒絕前去朝覲。

　　宋太祖派去平定江南的大軍出發了。臨行前，趙匡胤對宋軍大將曹彬說：

「攻破金陵時，千萬不許大肆殺戮。就算戰鬥激烈，不免殘殺，也要保全李煜全家，不准傷害！」

趙匡胤要的是南唐的土地和人民，不是要李後主的命。

生活智慧

趙匡胤與李後主是截然不同的兩個人。一個心裡想的不外乎如何建立新的王朝，如何統一國家；一個心裡想的不外乎是如何寫字、作畫、吟詠詞章、排演樂舞。所以，不同的性格導致不同的命運歸宿──一個是開國霸主，一個是一代詞人。

國君淪爲違命侯

開寶八年十一月，宋朝大將曹彬所率領的軍隊攻陷了金陵城，南唐政權宣告滅亡。李煜成了宋朝的俘虜，一個降王，這一年，他三十九歲。

歲暮時節，一個陰雨霏霏的日子，李後主與南唐公主、后妃及重要的朝臣冒雨登舟，被押往大宋都城汴京。當舟船離岸，駛至江心的時候，李煜回頭凝視他生活了將近四十年的古城金陵，禁不住留下了眼淚。在流淚中，他寫下也了是亡國的吳讓王楊溥所作的詩：

> 江南江北舊家鄉，三十年來夢一場。
> 吳苑宮闈今冷落，廣陵臺殿已荒涼。
> 雲籠遠岫愁千片，雨打歸舟淚萬行。
> 兄弟四人三百口，不堪閒坐細思量。

第二年正月，李後主一行到了汴京。宋太祖趙匡胤在明德樓主持了受降儀式。為了表示君主的寬宏大德，趙匡胤赦免了李後主的罪過，並賜給他名義上的右千牛衛上將軍的職銜，但在此同時也給了他一個侮辱性的封號——違命侯。

從一國之君的尊榮華貴突然降為臣虜的卑賤屈辱，對李後主來說真的是情何以堪。他被幽禁在汴京內的一座小樓上，門口有士兵看守著。沒有特殊的批准，他不能私自會見賓客，等於完全喪失了自由，而他日常的生活也要靠乞求賞財才得以維持。更令他難堪的是，他的愛妻小周后所遭受到的屈辱。小周后於開寶元年被立為南唐國后，隨李後主入宋後，封鄭國夫人。根據宋人王銍《默記》一書所記載：「每次小周后隨命婦入宮，必得數日方能出宮，而出宮後總是大哭大罵一場。」宋人於是畫了一幅《熙陵幸小周后圖》（熙陵指宋太宗趙光義），元人馮海栗為此題詩，詩曰：

江南賸有李花開，也被君王強折來。

這種羞辱與痛苦，哪裡是李後主所能忍受的，入宋後兩年又七個月，他就在汴京悲慘地死去，死時年僅四十二歲。

堂堂南唐國君變成違命侯，失去了昔日豪奢的氣派，淪落到靠乞求賞財才能維持生計的地步，這對李後主脆弱而又敏感的心靈是怎樣的一種折磨呢？

大周后與小周后

南唐保大十二年（公元九五五年），十八歲的李煜娶娥皇為妻，是為大周后。娥皇是司徒周宗之女，她不僅容貌美麗，而且聰慧高雅。婚後的生活甜甜蜜蜜，李煜後來回憶說：「昔我新婚，燕爾情好。執子之手，與子偕老。」

　　娥皇既擅長書史，又精通音樂，對於樂舞伎藝造詣也是極深。除此之外，她還善於彈奏琵琶、自度新曲。有一次雪夜酣宴，大周后舉杯邀請後主起舞，後主則要求娥皇譜寫新曲。據史載，大周后當場命筆，俄頃譜成，作了一曲《邀醉舞破》。從這裡，我們可以看到他們共處的生活是多麼地充滿了藝術情調。當娥皇病重，李煜以國主之尊，日夜守護在旁，「服不解體者累夕」。娥皇去世後，後主悲傷萬分，親筆撰寫了《昭惠周后誄》。誄中描寫愛妻留給自己的美好印象，以及心中無窮盡的哀痛：

　　　　我思妹子，永念猶初。

　　　　愛而不見，我心毀如。

　　　　雙眸永隔，見鏡無波。

　　　　皇皇望絕，心如之何！

　　　　暮樹蒼蒼，哀摧無際。

　　　　歷歷前歡，多多遺致。

　　千呼萬喚，喚不回愛妻永遠離去的事實，留下的只有憂傷、悵惘，以及無窮的回憶。

　　開寶元年，復立娥皇之妹為國后，習慣上稱她為小周后。小周后的個性，史籍上說是「警敏有才思，神彩端靜」。從小她就深得李煜之母聖尊后的喜愛，時常出入禁宮，與李煜在婚前就有過密切的接觸。馬令《南唐書》稱：「小周后自昭惠

（指娥皇）姐，常在宮中。後主樂府詞有『衩襪步香階，手提金縷鞋』之類，多傳於外。至納后，乃成禮而已。」

又陸游《南唐書》記載說：「小周后被寵過於昭惠時。後主與群花間作亭，雕縷華麗而極迫小，僅容二人。每與后酣飲其中。」

李煜與小周后一起度過了一段富貴奢華的歲月，入宋後，又一起承擔了那種卑賤屈辱的生活。在李後主去世的那年，小周后也不勝悲傷、憂鬱而死。

生活智慧

李後主先後有大小周后為妻，雖不能共白頭，但夫妻間情真意摯，哪是後人所能想像。「執子之手，與子偕老」，在離婚率逐年攀升的今日，成了現代戀愛中人的理想，已婚人追求的極致。

最惬意的事

在李後主的一生中，有一件事最使他愜意，也最令他懷念，那就是和娥皇一起整理、修復並排演了大型樂舞《霓裳羽衣曲》。爲此，他寫了一首詞《玉樓春》，描述他與娥皇共同修復、排演《霓裳羽衣曲》的情景：

晚妝初了明肌雪，春殿嬪娥魚貫列。

笙簫吹斷水雲間，重按霓裳歌遍徹。

臨春誰更飄香屑？醉拍闌干情味切。

歸時休放燭光紅，待踏馬蹄清夜月。

從排演時演員的儀態美，寫到樂舞的聲情美，再寫到觀賞者觀舞的興致，以及排練後的心情，從詞中可看到李後主的愜意。

《霓裳羽衣曲》原本是仙曲，其樂聲帶有濃郁的浪漫飄逸氣息。王建在《霓裳辭》中形容爲「一聲聲向天頭落，聽風聽水作霓裳」。白居易在《霓裳羽衣舞歌》中也形容它爲「翔鸞舞了卻收翅，唳鶴曲終長引聲」。讓我們閉著眼冥想一下，當樂曲初起，各種絲竹樂器次第發聲，音調是如此的清越而悠長，曲終長引一聲，就如同鶴鳴九天之上，唉呀！這不就是李後主所說「笙簫吹斷水雲間」的情景嗎？

《霓裳羽衣曲》的舞姿優美動人、富於變化。白居易形容道：

飄然轉旋迴雲輕，嫣然縱送游龍驚。

小垂手後柳無力，斜曳裾時雲欲生。

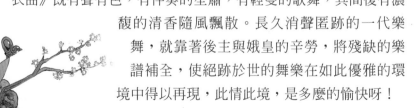

這樣動靜相生的舞姿，如輕雲、如游龍、如垂柳。《霓裳羽衣曲》既有聲有色，有伴奏的笙簫，有輕曼的歌舞，其間復有濃馥的清香隨風飄散。長久消聲匿跡的一代樂舞，就靠著後主與娥皇的辛勞，將殘缺的樂譜補全，使絕跡於世的舞樂在如此優雅的環境中得以再現，此情此境，是多麼的愉快呀！

據《唐逸史》記載，開元中，一個中秋夜，唐玄宗與道士羅公遠一起登月，在走了數十里之後，只見精光奪目、寒色侵人。來到一個大城闕，羅公遠說：「這是月宮。」他們看到數百位仙女，皆素練寬衣，在廣庭之中跳舞。玄宗問：「這是什麼曲子？」答：「霓裳羽衣也。」

因為這段記載，每當李後主排演了《霓裳羽衣》樂舞後，便吩咐下面不要點火燭，讓馬蹄踏著清夜皎潔的月光，悠然歸去。

生活智慧 在李後主的一生中，有一件事最使他愜意，也最令他懷念，那就是和娥皇一起整理、修復並排演了大型樂舞《霓裳羽衣曲》。一代樂舞就靠著後主與娥皇的辛勞，將殘缺的樂譜補全，使絕跡於世的舞樂得以再現。

吾愛吾弟

且維輕舸更遲遲，別酒重傾惜解攜。

浩浪侵愁光蕩漾，亂山凝恨色高低。

君馳檜楫情何極，我憑闌干日向西。

咫只煙江幾多地，不須懷抱重淒淒。

李後主自幼接受儒家思想的教育與藝術的薰陶，長大以後又篤信佛教，所以他的人生理念便同時容納了儒家的仁厚、佛法的慈悲與藝術家自由的精神，而在人生態度上則表現出重視社會倫理、講求真誠自然，以及寬容不爭的處世風範。

李後主無意於君位，當上南唐國主後，原本就看重手足之情的他，更加照顧胞弟，並不時的規勸與教誨。

開寶初年，後主的胞弟李從鎰出鎮宣州，後主率領近臣替他餞行。餞行的地點在綺霞樓，後主寫詩，一些朝臣也遵旨賦詩，「滿座清風天子送，隨車甘雨郡人迎」，一時傳為佳話。

後主還有一個胞弟從善，曾封鄧王。此人氣度大、喜武功，在政治上很想有一番作為。建隆初年，朝臣鍾謨曾經上書中主，批評李煜「器輕志放，無人君度」，而極力推崇從善，想擁立從善為國君。這件事雖然沒有成功，但是中主李璟對從善頗有好感。李璟剛去世時，從善又向有關大臣私問遺詔，遭到嚴辭拒絕。按照封建政治的邏輯，從善必定有覬覦皇位的野心，應當嚴密防範才是，但李後主稟性仁愛，仍然待之以手足之情，毫不在意。

開寶四年，從善被派往汴京奉獻貢物。宋太祖趙匡胤任命從善擔任宋朝官職，強迫他留在汴京，不准回到金陵。後主多次上書宋太祖，請求放了從善，讓他歸國，但都沒有結果。李後主因此傷懷不已，常常登高北望、淚下霑襟。宮中的四時遊賞宴會，也都因此取消了。這年，重陽節快到了，左右侍臣建議登高賞秋，李後主特地寫了《卻登高賦》作為答覆。賦中這樣寫道：

> 原有鴒兮相從飛，嗟予季兮不來歸。
> 空蒼蒼兮風淒淒，心躑躅兮淚漣洏。
> 無一歡之可作，有萬緒以纏悲。

從賦中，我們可以想見李後主的性情，他確實是一個宅心忠厚又重感情的人。即使是在政治上曾經構成威脅的人，他也能以真摯自然的態度去化解其間的芥蒂，絕不因世俗的權力糾紛而傷害自己的手足。

生活智慧

李後主無意於君位，當上南唐國主後，原本就看重手足之情的他，更加照顧胞弟，並不時的規勸與教誨。即使他的胞弟曾有覬覦皇位的野心，後主也能以寬容不爭的態度對待。

奢華的宮廷生活

對酒觀花、流連景物、欣賞舞樂、即興賦詩,這就是李後主日常的宮廷生活。從他的詞中,我們可以看到他的享樂。在《浣溪沙》中寫著:

紅日已高三丈透,金爐次第添金獸,紅錦地衣隨步皺。

佳人舞點金釵溜,酒惡時拈花蕊嗅,別殿遙聞簫鼓奏。

這是一場通宵達旦的歌舞。在這場歌舞中,香爐不斷地添加香料,舞女們在紅錦地毯上輕盈地跳著舞。配合著簫鼓的節奏,舞步時緩時急,舞到急時,舞女的金釵滑了下來也不自知,這時的後主,一邊飲著美酒,一邊欣賞著歌舞,喝到已有幾分醉意,拈起花蕊湊到鼻尖嗅著,因為那花的清香可以解酒哩!

《子夜歌》中寫道:

尋春須是先春早,看花莫待花枝老。

縹色玉柔擎,醅浮盞面清。

何妨頻笑粲,禁苑春歸晚。

同醉與閒評,詩隨羯鼓成。

一邊擊鼓催花,一邊乘興賦詩,這樣的日子多麼閒適自得呀!傳說唐明皇特別喜愛羯鼓(一種出自匈奴的樂器,又名兩杖鼓),曾在內苑臨軒擊鼓後,苑內桃李霎時盛開,傳到後世宮中,成為羯鼓催花的遊戲。

李後主精心佈置他生活的環境,在觀賞歌舞的亭院內四周,他用大幅的紅色銷金羅製成幕壁,以白金玳瑁做成裝飾品,又用朱色薄絹製成屏風,在外面種植梅花,名曰「紅羅亭」。每年的春盛時節,宮中棟樑、窗壁、階砌之間都用錦繡圍裹起來,密插雜花,以供遊覽,名曰「錦洞天」。在廬山的佛寺中有一簇麝囊花,顏色鮮紫,人稱「紫風流」。李後主派人移栽了數十根,種在殿前,賜名「蓬萊紫」。每年七夕,是乞巧節,也是他生日的這一天,後主總喜歡用一百多匹的紅白綾羅,裝扮成月宮天河的樣子來浪漫一夕。

傳說後主對宮中所用的香料很是講究。它是以丁香、沉香、檀麝、甲香各一

兩，研磨成粉，再取鵝梨汁蒸乾焚之的。在內宮柔儀殿還專門設有「主香宮女」，焚香器皿多達數十種，有把子蓮、三雲鳳、折腰獅子、容化鼎等等，都是金玉製作，可見其奢侈。又傳說李後主曾讓宮女窅娘以帛繞腳，穿著素襪在六尺金蓮上跳舞，在蓮花中，用纓絡寶物裝點成五色祥雲的樣子，所以窅娘旋轉的舞姿就好像凌雲一樣，好看極了。這一風氣流傳到了民間，便成了纏足的陋習。

　　從上所述，我們可知，李後主的宮廷生活無疑是極其奢華的。

生活智慧

南唐的第三任也是最後一任的君主——李後主，雖然在位十五年，時時有著亡國的憂慮，但他在宮中賞花飲酒、流連春光、擊鼓賦詩，這樣的生活卻極為奢華。

奢華的宮廷生活

善於書法的李後主

李後主是一位具有藝術靈性的人，舉凡書法、繪畫、音樂、歌舞、詩詞，他無所不愛，他活在美的氛圍中，藝術就是他的生命。

李後主善於書法。他初學柳公權，後來逐漸形成自己的書體。根據見過他作品的人們所評述的，他的書法筆鋒瘦硬、富於力度，字形或大或小，大者如同截斷的竹木，小者如同聚攏的針釘，又如同寒松霜竹的蒼勁有力。喜用顫筆，在繆曲波折中，透露出遒勁的風神。在當時，人們稱李後主的書法為「金錯刀書」。據《宣和書譜》記載，宋徽宗時，內府還收藏有後主的墨帖二十多種。南宋陸游在金陵清涼山廣慧寺也曾瞻仰到後主書法的石刻。然而歲月悠悠，時至今日，我們已經無從一睹後主書法的風采了。

李後主也深入探討書法理論，對續《筆陣圖》、傳「撥鐙法」都頗有貢獻。《筆陣圖》是我國古代的書法名著，作者不確定，有人說是衛夫人，有人說是王羲之，有人說是羊欣。所謂「筆陣」，大意是說以紙為軍陣，以筆為兵器，以心意為主將，而以結構為謀略。至於李後主所續的內容，如今已不可得知了。

至於「撥鐙法」，相傳亦創始於衛夫人。傳到唐末時，陸希聲將其要領歸納為五字筆法，李後主又演為八字筆法。這種筆法的技巧，有如騎馬者以足尖踏鐙，而臀部離鞍，因此能夠用力隨心、運轉自如，因為用筆之揮、斥、推、讓，如同乘馬者以足尖撥鐙，所以叫做「撥鐙法」。李後主在《書述》一文中，對此法有具體的介紹，所以能流傳到現在。

李後主也評論書法，但這種評論多帶有他自己的藝術個性，亦即他的評論是以審美的態度觀照書法對象，所論未必恰當，可能皆是他主觀的心得體會。

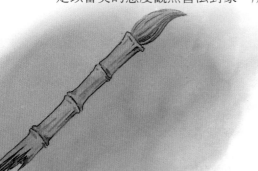

總之，李後主的書法審美，既注重繼承又注重變化；既注重姿態又注重神韻；既注重筋骨又注重意表的自然；既注重內蘊的力量又注重態度的溫秀；既求其美韻俊邁，又要能達到內外相稱、端莊得體。其中的要妙精微，只能以藝術的心靈去領悟了。

生活智慧

李後主的書法有他自己的書體。他的書法筆鋒瘦硬、富於力度，字形或大或小，大者如同截斷的竹木，小者如同聚攏的針釘，又如同寒松霜竹的蒼勁有力。喜用顫筆，在摎曲波折中，透露出遒勁的風神。在當時，人們稱李後主的書法為「金錯刀書」。

宋太祖眼中的李煜

李後主，你在說什麼？

傳說趙匡胤早年，有一次從秦中歸來，經過華山腳下，醉臥田間，醒來後看著太陽升起，作了一首《詠日詩》，詩文如下：

> 欲出未出光辣達，千山萬山如火發。
> 須臾走向天上來，趕卻殘星趕卻月。

從詩中我們可以看到趙匡胤的個性——氣魄雄健而胸襟弘毅，謀略遠大又充滿霸氣。後來御用文人將它潤色為「未離海嶠千山黑，剛到天心萬國明。」原詩中的粗豪不馴之氣便減弱了。

又傳說李後主被俘虜到汴京後，在一次小型的宴會上，宋太祖趙匡胤對他說：「聽說卿在金陵時喜愛作詩，能否舉出一聯讓大家欣賞。」李後主沉吟了好久，然後念出他所作《詠扇詩》中的兩句——

> 揖讓月在手，動搖風滿懷。

趙匡胤聽了笑笑說：「滿懷之風，又能有多少呢！」說的也是。趙匡胤作為新王朝的開國之君，他欣賞的是宋玉筆下描寫的那種「飄舉升降，乘凌高城」的「大王之雄風」；欣賞的是劉邦《大風歌》中的那種「大風起兮雲飛揚」的氣勢，區區搖動團扇所起的滿懷之風怎麼夠看呢？

李後主的《詠扇詩》用心細、對仗工、文辭優美；趙匡胤的《詠日詩》充滿了霸氣、風雲感，詩的性質不同，一個著眼於藝術，一個側重於政治。從趙匡胤《詠日詩》的最後一句「趕卻殘星趕卻月」，我們就可以看到他的企圖，他想滅荊南、滅後蜀、滅南漢、滅南唐諸國，他想建立自己的大宋王朝。所以《詠日詩》就是趙匡胤的「大風歌」。

根據《後山詩話》所記載，趙匡胤在聽了李煜的詩作後，大笑著說：「寒士語爾，吾不道也。」趙匡胤也曾對周圍的人說：「李煜如果用作詩詞的功夫來治理國事，又怎會成為我的俘虜？」看起來趙匡胤是瞧不起李後主的。

生活智慧

趙匡胤欣賞的是宋玉筆下描寫的那種「飄舉升降，乘凌高城」的「大王之雄風」，欣賞的是劉邦《大風歌》中的那種「大風起兮雲飛揚」的氣勢，李煜的「滿懷之風」，趙匡胤又怎麼會看在眼裡呢？

宋太祖眼中的李煜

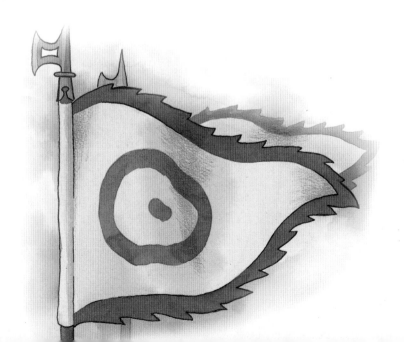

娥皇的愛嬌

李煜與娥皇伉儷情深，夫妻生活多采多姿，不時有著戲謔、調笑、輕鬆的快樂時刻。

《一斛珠》描寫的就是這樣的情趣：

曉妝初過，

沉檀輕注些兒箇。

向人微露丁香顆。

一曲清歌，暫引櫻桃破。

羅袖裛殘殷色可，

杯深旋被香醪涴。

繡床斜憑嬌無那。

爛嚼紅茸，笑向檀郎唾。

從這首詞中，我們可以看到主人公應當就是性格活潑、頗有音樂天賦的少婦周娥皇了。這首詞的上闋先寫娥皇的妝飾——清晨，她梳理好鬢髮，插戴好首飾，又用「沉檀」這種東西做成的口紅塗在唇上，嘴裡嚼著含有芳香氣息的雞舌香，她輕輕張開櫻桃「檀口」，唱起歌來，於是那甜美的歌聲也就帶著清香在殿堂間蕩漾了。

下闋描寫宴會後的情景。心情歡愉的娥皇，不免略脫形跡。羅袖被酒沾濕，她也毫不在意。已有幾分醉意的她，斜靠在繡床邊，一副嬌娜可愛的模樣。詞寫到最後，愛嬌的娥皇竟含笑將嚼在口中的紅絨線吐向心愛的人。

對於詞末所描寫的這一段，有的人表示推許。就像今人詹安泰所說：「給人印象最深的是結尾嚼絨唾檀郎的描寫，從這種動作中來表達女人撒嬌的神態，這在以前是從來沒有被發現過的。」也有人深不以爲然，大肆抨擊。如清人李漁在《窺詞管見》中所說：「此倡樓婦倚門腔、梨園獻醜態也。嚼紅絨以唾郎，與倚市門而大嚼，唾棗核瓜子以調路人者，其間不能以寸。」

讚許也好，抨擊也罷，終歸這是李煜和娥皇之間的夫妻情事。我們除了平常心看待這件美事之外，還需要說什麼呢？

生活智慧

　　李煜與娥皇伉儷情深，夫妻生活多采多姿，不時有著戲謔、調笑、輕鬆的快樂時刻。這樣的美滿婚姻生活造就了美麗的詩詞，不管用紅絨線吐向心愛的人這樣的舉動是輕佻還是撒嬌，又有什麼重要？

忠臣的下場

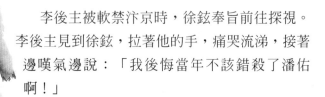

李後主被軟禁汴京時，徐鉉奉旨前往探視。李後主見到徐鉉，拉著他的手，痛哭流涕，接著邊嘆氣邊說：「我後悔當年不該錯殺了潘佑啊！」

潘佑，南唐的名士。此人既富才學，又多義氣，性格豪放、不循世故，文章議論，受到同輩一致的推崇。當時南唐國勢衰頹不振，而後主還是一味地沈醉在聲色享樂中。潘佑性情耿直，便伺機予以諷勸。從《詞苑叢談》（卷六）所記載：「潘佑與徐鉉、湯悅、張泌，俱有文名，而佑好直諫。後主於宮中作紅羅亭，四面栽紅梅，作豔曲歌之。佑應命作小詞，有『樓上春寒山四面，桃李不須誇爛漫，已輸了春風一半』。時已失淮南，故云。」可以鮮明看出潘佑的個性。他不僅不願意阿諛後主，也不願保持緘默。當時的南唐已經失去了淮南十四州的土地，形勢如同江河日下，作為後主親近朝臣的潘佑，懷著滿腔的愛國熱誠，又怎麼能夠不焦慮、不憂傷呢？於是藉著桃李春風隱喻南唐的國勢，希望後主能夠覺悟。

潘佑又先後七次向朝廷上諫表，詳細剖析時政的是非得失，抨擊當權大臣尸位素餐、上下因循苟且，導致國家政治敗壞、武備廢弛。後主雖然閱讀了潘佑的諫書，也表彰了他的忠誠，卻沒有任何政治改革的動作。

潘佑見自己多次上書，仍然無補國事，於是
自請罷官歸田，並將抨擊的對象直指李後
主本人。他上書說：「陛下力蔽奸邪，
曲容諂偽，遂使家國愔愔，如日
將暮。古有桀、紂、孫皓者，破
國亡家，自己而作，尚爲千古
所笑。今陛下取則姦回，敗亂
國家，不及桀、紂、孫皓遠
矣。臣終不能與姦臣雜處，
事亡國之主。」潘佑說李後
主有意包容奸邪，敗亂國
家，不如古代那些殘暴無道
之君，這固然是過激之詞，
但指「家國愔愔，如日將
暮」，卻是當時南唐局勢的寫
照。李後主受不了這種激烈言辭
的指責，又加上朝中有人挑撥，
於是派人拘捕潘佑。潘佑聞訊，
當即自縊而死。在國勢危急的當兒殺了忠
臣，李後主眞的錯了，錯了。

生活智慧　李後主受不了直諫，又禁不起挑撥，錯殺忠臣。真的是
「石城古岸頭，一望思悠悠。幾許六朝事，不禁江水流」。人間
再多的興廢事，隨著江水向東流！這江水帶走了潘佑的忠誠，
也帶給我們無盡的深思！

問君能有幾多愁

春花秋月何時了？
往事知多少！
小樓昨夜又東風，
故國不堪回首月明中。
雕闌玉砌應猶在，
只是朱顏改。
問君能有幾多愁？
恰似一江春水向東流。

——李煜《虞美人》

　　春花、秋月，是自然界最常見，而又最有性靈的意象。人人陶情過春花的開放；感受過春風的吹拂；沐浴過秋月的光華；也凝眸過春水的流逝。春花、秋月，它週而復始而又永遠給人新鮮的感受，面對它，有的人享受生命的快樂，有的人沉浸於往日的回憶中。

　　李後主是耽於幻想的人。面對春花秋月，無窮無盡的往事，霎時間湧入心頭。一個亡國之主，對往事的追憶是美好的，也是淒涼的；是幸福的，也是痛苦的。一般人面對春花秋月自然陶醉不已，而小樓又東風也會讓人產生春歸的喜悅之感，然而，李後主此時的感受自是大不相同。它變成一種咀嚼不盡的苦澀；一種揮之不去的感傷；一種無可奈何的悸痛。於是，在詞人的筆下，故國人事融化在春風明月中，而自然物象則籠罩在「不堪回首」、「何時了」的情緒中了。

　　下闋的詞境轉為豪放、蒼茫。這時候，詞人的軀殼似乎變得無限碩大，昂然挺立於天地間，他看到了金陵故宮的雕闌玉砌，看到了日夜奔流不止的滔滔江水，他的心情就像謝朓詩中所描述的「大江流日夜，客心悲未央」。他那難以言說的悲傷隨

著一江春水，永遠地向東流去，永不止息。

俞平伯《讀詞偶得》上說：「詩詞創作，曲折似難而不難，唯直爲難。」事實上，直訴胸臆就可以產生奔放的氣勢，但氣勢奔放又能情致無盡，像「一江春水向東流」一樣，那就非常難了。

李後主，你在說什麼？

生活
智慧 李後主是耽於幻想的人。面對春花秋月，一個亡國之主的追憶是美好的，也是淒涼的；是幸福的，也是痛苦的。這種追憶變成一種咀嚼不盡的苦澀；一種揮之不去的感傷；一種無可奈何的悸痛。

李後主的詞藝

李後主是傑出的詞人。他所寫的詞有著無可言宣的魅力。在他的筆下，自然萬物都是有情的，因為它們的生命與後主的生命在靜夜中相識、相依過；他們的靈魂受過同樣的月華沐浴與滋潤過。當李後主寫著春花秋月、一江春水時，他將人性的光輝也塗灑在上面了。

後主詞中的哀傷，也是人生缺陷的一個投影。人生因為有缺陷，所以才會時時感受到痛苦，這樣的痛苦深深地烙印在每一個人的心頭，它讓我們抑鬱、哭泣、難以成眠。現在李後主把它寫了出來，寫得如此真實、如此平易、如此綿長！人們終而忘了李後主的世俗身份，只當他是尋常人，他就是我們自己。所以葉嘉瑩寫詩詠李後主：

> 悲歡一例付歌吟，樂既沉酣痛亦深。
> 莫道後失風格異，真情無改是詞心。

情為主腦

後主的詞，有著強烈的抒情。詞中所寫包括了情、景、事，但以情為主，景、事為從；情為靈魂，景、事為外表。情的光輝籠罩著景與事。當情、景交融時，景給了情外在的形象，而情卻注入了景活潑的生命。二者相迎相融，成為一體。

讓我們用後主的詞解說情、景、事。在《玉樓春》中：「歸時休放燭花紅，待踏馬蹄清夜月。」李後主並沒有明白地說情，但是高情雅趣一如月華，遍於萬物，無所不在。趁興踏月的風流俊邁，與夜色、月光，清脆的馬蹄聲融成一片。

在《烏夜啼》中：「無言獨上西樓，月如鈎。寂寞梧桐深院鎖清秋。」李後主舉頭一輪彎月如鈎，俯首秋色如斯，俯仰之間，感慨萬端，然而梧桐能感知人的寂寞嗎？小院能鎖得住清秋的景色嗎？這真的是「淺嘗者說破，深嘗者說不破」。

任何的話有正說，也有反說。所謂正說，就是訴說常情；所謂反說，就是讓「常情」有所變化而曲致。讓我們來看後主的詞，在《阮郎歸》中：「留連光景惜朱顏，黃昏獨倚闌。」又在《虞美人》中：「憑闌半日獨無言，依舊竹聲新月似當年。」這都是從正面來說，然而憑闌眺望既久，而愁思還是不能解，故而激發出反面的說法。

在《浪淘沙令》中：「獨自莫憑闌，無限江山！」又在《望江南》中：「心事莫將和淚說，鳳笙休向月時吹，腸斷更無疑！」既然愁緒滿懷、傷心落淚，說心事、吹鳳笙，都沒有辦法排遣，也只有增添憂傷了。寫到這裡，情致愈深愈苦，愈曲愈悲，也愈能動人。從正面來說，即之無窮；從反面來說，揮之不去。

在後主的筆下，也有情景不相涉的，如在《謝新恩》中：「粉英含蕊自低昂，東風惱我，纔發一衿香。」又有詞這麼說：「春光鎮在人空老，新愁往恨何窮！」

「粉英含蕊」，寫出春花開放時的無限旖旎，接著又說「自低昂」，就現出了無心賞花的形象。連東風送香也增添他的煩惱，面對春光，也就只能喚起新愁舊恨了。在這樣的情景間，情與景好像有所牴觸、有所距離，然而細細體會，我們就不難感受到其間的縷縷情思了。所以在情景不相屬下，也留給我們哀樂相依、相反相成的想像空間。

 李後主是傑出的詞人，他所寫的詞有著無可言宣的魅力。在他的筆下，自然萬物都是有情的，因為它們的生命與後主的生命在靜夜中相識、相依過；他們的靈魂受過同樣的月華沐浴與滋潤過。

一幅畫像

南唐有位勇猛善戰的大將，叫林仁肇。他也是一位忠於朝廷的壯士。身高六尺有餘，體格煞是魁武，由於在身上紋有虎形圖案，人們又叫他爲「林虎兒」。林仁肇作戰神勇，打起仗來奮不顧身，升爲將軍後，仍然與士兵們同甘共苦，是以得到弟兄們的衷心擁戴，立下無數戰功。

保大十四年春，周師南侵。兩軍對峙，周師據守正陽浮橋。林仁肇率領一千來名敢死隊戰士，駕著裝滿柴薪的小船，準備乘著風勢，一把大火燒了浮橋。然而，風向不對，燒橋的計畫沒法完成，只得撤軍。率軍撤退時，林仁肇獨自一人乘馬在後面押陣。敵人飛箭如雨，而林仁肇一點也不畏懼，將敵人的來箭一一擊落。敵將大驚，說：「這是一名壯士，不能再向前追逼了。」

南唐將淮南十四州割讓北朝後，林仁肇心中忿忿不平。他見淮南各州的守城士兵不過千人左右，便秘密策劃收復失地。他向李後主建議：「淮南各州防守的軍隊力量弱小，而宋朝又年復一年地用兵打仗，又是滅西蜀，又是平荊南，又是進攻南漢，往返來回數千里，軍隊難免疲憊，這正是兵家難得的機會。如果給我數萬軍隊，渡江收復失城，勢如轉丸之易。此計若能實現，我便佔據淮南，抵禦北方宋軍的南下。」

他又說：「在出兵之日，請向宋朝報告我率軍叛亂。事情倘若成功，便對國家有利。若出兵不利，請誅殺我全家，以表明陛下並無參與此事。」

李後主聽後，十分驚恐，不安地回答：「切勿亂說，這樣只會引來亡國之禍。」

林仁肇勇猛善戰的威名傳到中原，連宋太祖趙匡胤也有幾分忌憚。傳說宋太祖派遣間諜到江南，想辦法弄到一幅林仁肇的畫像。宋太祖將林氏的畫像懸掛在一處房間中，當南唐使者來到時，便指給使者看，並對使者說：「林仁肇馬上就要歸降了，所以先送來這幅眞容作爲信物。」

宋太祖又指著旁邊一所空的館舍說：「林仁肇來後，這所府館將賞予他住。」李後主聽了使者的報告，不辨眞假，便派人用藥酒將林仁肇毒死了。

可惜這麼一位勇猛善戰、又忠於朝廷的大將，只因宋太祖略施小計，就不明不白的被毒死了。由此可知李後主的孱弱、糊塗，也可知南唐滅亡只是遲早的事。

李後主，你在說什麼？

陳喬的故事

　　陳喬出生於書香門第。祖父陳岳，在唐朝末年曾任南昌觀察判官，著有《唐統紀》一百卷。父親陳濬，繼承家傳史學，仕吳為中書舍人、翰林學士，著有《吳錄》二十卷。陳喬在這種家傳文化的薰陶下，不僅聰明穎悟，而且處處以傳統的節操觀念激勵自己，在忠孝大節上絕不馬虎從事。

　　保大末年，因為淮南戰場失利，中主李璟內心憂愁，沒有主見，不知如何應付局面。這時，有人建議由大臣宋齊丘攝政，管理國事，而讓中主優遊林下，追隨王子喬、赤松子修煉仙道。中主受其迷惑，便傳旨令當時任中書舍人的陳喬起草詔書。陳喬一聽，立即求見中主，他流著眼淚進諫說：「江山社稷的大事，怎能假手他人？若簽署此道詔書，明日朝廷政務便歸宋齊丘處理，那時，一尺土地，一介百姓，都不是陛下所有了。」

　　陳喬又說：「陛下固然不留戀君王的地位，難道不想想先主創業開國的艱難？若有朔臣篡國，社稷易主，那時陛下想做一個自由的百姓都不可能。先前吳之讓皇被幽囚在丹陽宮中，這是陛下親眼所見的事。」李璟聽了陳喬的一席話，恍然大悟。他說：「若非卿的提醒，我幾乎落入奸人的圈套。」

　　李後主嗣位後，陳喬升任門下侍郎兼樞密使，後來改稱光政院使。宋太祖多次派遣使者要李後主前往汴京朝見。後主迫於壓力，準備成行。陳喬認為後主一旦北上，一定會被宋朝扣留，不得歸國，於是諫阻，他說：「元宗（指中主李璟）駕崩時，當面囑咐我輔佐陛下，如今陛下前往汴京，必不能重返金陵，江山社稷等於滅亡了。若是如此，便一死也無顏面對元宗於九泉下。」

　　由於陳喬等大臣的堅決反對，李後主便藉口有病，拒絕了宋太祖要他去汴京的旨意。當宋師圍困金陵時，陳喬又是堅決的主戰派。他時常對後主說：「無論形勢怎樣危急，作為臣子的氣節絕不喪失。」

　　金陵城將要陷落時，陳喬面見後主，慷慨陳辭：「自古迄今沒有不亡之國，然投降無法保全江山社稷，只會遭受羞辱。請許我背城一戰，死而無憾。」

李後主握著陳喬的手，流著眼淚，但並不贊成他拼死一戰的做法。陳喬說：「既然無法戰死，只好求陛下降死於我，賜我抗命之罪。」李後主又拒絕了陳喬的請求。陳喬決心以死殉國，他來到政事堂，解開所佩帶的飾金玉帶交給兩個親近的屬吏，囑託說：「請安葬好我的屍骨。」於是便自縊而死。

生活智慧

　　陳喬生於書香門第，不僅聰明穎悟，而且處處以傳統的節操觀念激勵自己，在忠孝大節上絕不馬虎從事。南唐將亡，他既不能為家為國，戰死沙場，只有自縊而亡，用生命來實踐自己的道德理想。

向權力看齊的人

張洎是南唐大臣，從小才能出眾，精通經典，進士出身，善於議論，很得中主李璟的賞識。張洎的年齡只比後主大四歲，由於他富於才情，又擅心術，玲瓏機巧，無所不至，所以深得後主的喜愛。後主即位後，張洎的官職越來越高，他先是擔任知制誥、清輝殿學士，後來升為光政院副使。此時的張洎，不僅參與國事機密，連李後主的家庭私宴，他也經常列席。

但是張洎為人品格不端，為了攫取權力，他可以阿諛逢迎，也可以出賣朋友。朝臣潘佑曾經與他同在中書省任職，兩人關係和睦、友情甚篤，但是後來發生分歧，潘佑因為直諫被逼自縊而死，張洎在其中有投井下石的作用。

當宋軍圍困金陵時，他與陳喬都力主抗戰。他對李後主說：「金陵城固若金湯，不易攻破，宋軍早晚會自行撤退。倘若有所不測，必定以身殉國。」金陵城被攻破的那一天，張洎卻帶著妻子和財物，從便門進入宮中躲藏起來。

陳喬找到張洎，邀他共同以死報國，他表面上答應了，等陳喬自縊身亡後，他跑去見後主，說：「我與陳喬共同執掌國家大政，如今理應共同以死報國，但是一想到陛下便不敢一死，只因尚未報答陛下隆恩。」

張洎入宋後，被任命為太子中允，轉禮部、戶部郎中，在仕途上一帆風順。最後，又擔任了參知政事（副相）。此時的他早就把將來要報答後主的話忘得一乾二淨了。

李後主入宋後經濟很困窘，不得已向張洎借過錢。事後，張洎向後主討債，後主只好用一個白金打造的臉盆抵債，張洎還不滿意。李後主之子仲寓於郢州，葬於汴京，張洎竟連弔喪也不參加，因為這時無論是後主，抑或後主之子，對他來說一點利用的價值都沒有了。

張洎始終未改變他這種唯權是依、唯利是圖的性格。在宋的朝廷裡，他還試圖巴結、依附宦官，遭到皇帝的當面奚落。寇準掌管吏部時，張洎主動和他親近，談笑議論、唱作俱佳，又懂得揣摩別人的心思，甚至將寇準想說卻尚未出口的話說出來，寇準佩服得很，於是推薦他擔任要職。但過沒多久，寇準在朝中受到排擠，失

去皇上的信任。於是張洎又上奏章，污蔑寇準，扣之以誹謗之罪。

　　張洎的人格從他對張佖的態度上也充分的表現出來。張洎在還沒有中進士前，張佖已經在南唐作官了。這時張洎自稱表侄，前往拜見。中進士以後，他們在一起作官，張洎改稱兄弟。後來張洎的官當大了，便把張佖當普通的下屬看了。由此可見，張洎只知道權勢、地位，至於別的，那就不重要了。這就是後主所信用的人物！

生活
智慧

　　張洎的年齡比後主大四歲，擅心術，玲瓏機巧，無所不至，李後主入宋後不得已向張洎借過錢。張洎竟向後主討債，後主只好用一個白金打造的臉盆抵債，張洎還不滿意。這樣的人竟深得後主的喜愛與信任，可歎！可悲！

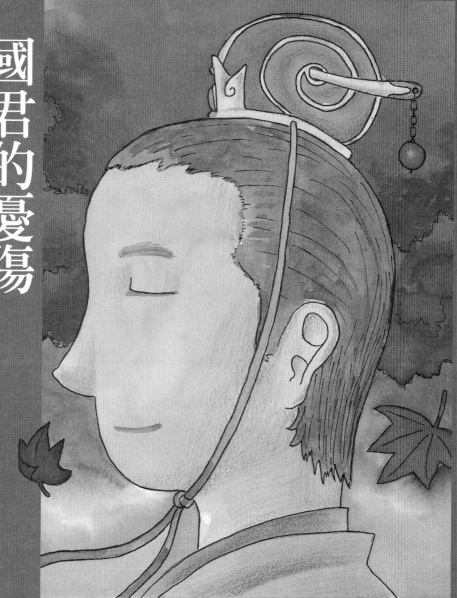

國君的憂傷

據《莊子・山木篇》所記載，春秋戰國的時候，有一個叫熊宜僚（號稱市南宜僚）的楚國人，往見魯侯。看見魯侯面色憂愁，便問道：「國君面有憂色，為了什麼事？」

魯侯回答說：「我學古代聖王治國之道，來完成先君的功業。敬事鬼神、禮待賢者，身體力行，沒有片刻休息，然而還是不能免於憂患，所以感到憂傷。」

宜僚說：「國君您的除患之術太過浮淺。您知道嗎？山林中有皮毛豐美的狐狸與豹子，棲息隱伏於巖穴之間，所處可算是夠安靜的了。它們白天潛藏，夜晚活動，行動可算是夠警惕的了。即使飢渴困苦，他們還是到遠離人寰的江湖上覓食，心志可算是夠堅定的了。然而它們還是免不了限於羅網、誤中機關、遭遇災禍。它們有什麼罪過呢？它們的災禍，是由於擁有豐美的毛皮所致。對國君您來說，魯國便是您的毛皮。我希望國君您捨棄君位，剝去了這層毛皮，拋去世俗的欲念，與道相輔而行。」

宜僚又告誡說：「統治別人的人心上總是有累患，被統治的人心上總是有憂患。我希望你捨棄累患，清除憂患，與道一體，同遊於大漠之野。人如果能以虛己的態度悠遊於世，又有什麼憂傷呢？」

市南宜僚的話雖透析闡理，然而卻難以施行，因為國君不可能一走了之，到虛擬的精神王國去漫遊，進而追求與道體合一的生活。況且伺機爭奪與殘害的人比比皆是，佈下的羅網與機關也無處不在！每個人都有自己的社會責任，再者，人非草木，孰能無情！所以國君難免都有憂傷，魯侯如此，李後主也如此。讓我們從李後主的詞中，看看他的新仇舊恨——

生活智慧

李後主之所以憂傷，是因為他擁有豐美毛皮的緣故。李後主原本就是多感的人，再加上大歡大悲的人生際遇，憂傷的情感在李後主的身上愈來愈濃郁。從酒後的愁思悲歌，到幽禁中的淚水洗面，終致生命的消亡，這究竟是什麼樣的憂愁呀！

亡國之前：

春光鎮在人空老，
新愁往恨何窮！

亡國之後：

心事莫將和淚說，
鳳笙休向淚時吹，
腸斷更無疑！

又說：

問君能有幾多愁？
恰似一江春水向東流。

李後主的憂愁究竟是什麼樣的憂愁？恰似一江春水向東流。

生命無常

佛教認爲生命的存在就是苦，所以人生從一開始便浸泡在苦海裡。所謂的「苦」有八苦——生苦、老苦、病苦、死苦、怨憎會苦、愛別離苦、求不得苦、五蘊盛苦。試想，任何人一來到人世，便要經受種種人生的逼迫與風險，身不由己地走向衰老、走向死亡。當疾病纏身、輾轉病榻之時；當撒手人寰、託體山河之際，不是大苦痛嗎？越是憎惡的人，越是冤家路狹、無法迴避，這是「怨憎會苦」。越是親愛的人，偏要骨肉分離，這是「愛別離苦」。所嚮往的無法實現，所追求的無法得到，這是「求不得苦」。身心交瘁、精神折磨，身體、情感、心智、意志、意識無不陷於極端矛盾的折磨中，這是「五蘊盛苦」。八苦聚集，沉澱在潛意識裡，就成了難以言說，而又綿綿不盡的憂傷。

　　李後主的一生，尤其嘗盡了疾病與親人死亡的痛苦。李後主的家族，由於遺傳的原因，幾乎一直籠罩在疾病與夭亡的陰影中。李昇有五個兒子，沒有一個活到五十歲。李璟有十個兒子，其中有二人，年少夭亡，年壽最長的從善，活到四十八歲，可以考知者的平均年齡爲三十五歲。李煜有兩個兒子，長子仲寓三十七歲而亡，次子仲宣四歲而夭。仲寓一子名正言，亦早卒，於是李煜一門便絕後了。

　　李後主的一生中，眼見這麼多的親屬遭受病魔之苦，而且都是突然發病，迅速惡化，最終致死。這強烈震撼李後主的心靈，讓他產生人生無常、空幻如夢的感覺。尤其是乾德二年（公元九六四年），這對李後主來說是一個多災多難的年頭。這年的十月，深受後主疼愛的幼子仲宣夭亡，年僅四歲。十一月，愛妻大周后一病而逝。在短短的時間內，後主遭受到這麼大的人生打擊，其心情的頹喪可想而知。

　　他在《悼詩》中寫道：

　　　　永念難消釋，孤懷痛自嗟。
　　　　雨深秋寂寞，愁引病增加。
　　　　咽絕風前思，昏濛眼上花。
　　　　空王應念我，窮子正迷家。

　　李後主在《輓辭》其一中云：

　　　　前哀將後感，無淚可沾巾！

意思是說，悲哀的事件接連不斷，淚水都流盡了。

《輓辭》其二云：

沉沉無問處，千載謝東風！

意思是說，對於生命深沉的疑惑，沒有地方可以申問。生命無常，哪裡有地方可以問？這就是李後主心中的生命憂患意識。

李後主，你在說什麼？

生活智慧

　　李後主的家族，由於遺傳的原因，幾乎一直籠罩在疾病與夭亡的陰影中。這使人想到佛教的八苦，人活著，從一開始便浸泡在苦海裡，生命的存在就是苦。這樣無常、這樣苦的生命，又能問誰呢？

漁父生活

　　唐代有一位著名的隱逸人士張志和，別號「煙波釣徒」、「浪跡先生」，又號「玄眞子」。他本來是一介書生，十六歲的時候遊太學，以明經擢第。曾經獻策肅宗，深受賞識，被任命為翰林待詔。後來他遭到貶謫、宦情頓消，於是隱逸閒居、泛舟垂釣，過著自在逍遙的日子。他又很有藝術氣質，愛畫山水。傳說他作畫都因酒後乘興，一邊擊鼓吹笛，一邊舞筆飛墨，須臾間，畫作應節而成。最有名的是他的《漁父》五首，其中兩首詞如下：

> 西塞山前白鷺飛，桃花流水鱖魚肥。
> 青箬笠，綠簑衣，斜風細雨不須歸。
> 釣臺漁父褐為裘，兩兩三三舴艋舟。
> 能縱櫂，慣乘流，長江白浪不曾憂。

　　張志和的《漁父》詞在唐代盛傳於世，和者甚多，遠播東瀛，成一時之大觀。南唐畫苑衛奉畫了一幅《春江釣叟圖》，李後主也在上面題了兩首《漁父》。其詞如下：

> 浪花有意千重雪，桃李無言一隊春。
> 一壺酒，一竿身，世上如儂有幾人！
> 一櫂春風一葉舟，一綸繭縷一輕鉤。
> 花滿渚，酒滿甌，萬頃波中得自由。

李後主對於漁父生活的描述充滿了詩意。浪花是精神的瀟灑，桃李是生命的象徵，萬頃波中的一竿輕鉤，則是生命與意志自由的表現。

　　張志和與李後主兩個人對漁父的描述，一個著重於現實，是真實生活的紀錄；一個偏向於幻想，是隱逸理想的投影。

生活智慧
　　張志和與李後主兩個人對漁父的描述，一個著重於現實，是真實生活的紀錄；一個偏向於幻想，是隱逸理想的投影。

先主李昇

公元九〇七年，唐王朝在黃巢起義所激起的社會大動盪中宣告覆滅。在隨之而來的半個多世紀的歲月中，北方中原地帶先後建立起後梁、後唐、後晉、後漢、後周等五個短命的王朝。這五個小王朝的存在，短的只有數年，長的也不過十餘年而已。而在同一時期的南方，則先後建立了吳、南唐、前蜀、後蜀、吳越、楚、閩、南漢、南平等諸國，再加上太原的北漢政權，總共十國。所以這一個時期，歷史上就稱爲「五代十國」。南唐是十國中的一國，首府建在金陵。

　　南唐的開國之主李昇，出身貧寒。關於他的姓氏、家世及出生地點，史書記載各異。這也說明了他出身的卑賤，以至於連這些基本的資料都不能確定。李昇在六歲時父親去世，八歲時又失去母親。成爲孤兒的他只能寄身於佛寺中，勉強度日。後來，由於偶然的機遇，李昇被吳國大將徐溫收爲養子，在二十二歲時被任命爲昇州防遏使、兼樓船軍使，從此開始參與吳國的軍政事務。經過長達二十多年的周密策劃與經營，他逐步掌握了吳國的軍政大權。公元九三七年，他接受了吳國末代皇帝楊溥的禪讓，即位稱帝。改國號爲唐，史稱「南唐」。

　　李昇生於貧賤，長於軍旅，深知戰爭帶給百姓的苦難，因此稱帝後，對內奉行保境安民、休養生息的政策，對周邊的國家則採取和平睦鄰的態度。他時常嘆息說：「每個人都有父母，爲什麼要爭奪城池、土地，讓百姓的鮮血濺在草野上呢？」他還主動與疆域毗鄰的吳越國修好。南唐昇元五年七月，吳越國都城發生大火，朝廷宮室器械焚燒一空，吳越王錢元瓘受驚嚇後，一命嗚呼。

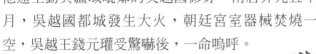

當時，有人建議南唐可藉這個機會派兵攻打吳越，李昪拒絕了這種趁火打劫的主張，他不但不打，還派遣使者送金錢、糧食、布帛之類的物品給吳越國，藉以表達慰問之意。

在國內，李昪勤於政務、勵行節儉，又提倡文教，招攬四方人才，所以在李昪執政的期間，南唐國勢昌盛，處處顯示出蒸蒸日上的氣象。然而，李昪在位僅六年，便因病去世了。李昪在位雖短，卻是南唐文化藝術的開創者。從小，他雖然因為生活貧困，無法得到良好的教育，但卻喜好文藝。傳說他在九歲的時候，曾藉詠燈，抒發情懷，「一點分明值萬金，開時惟怕冷風侵。主人若也勤挑撥，敢向尊前不盡心！」這首詩雖然寫得稚氣，但卻可以感受到他希望得到提攜的心願。等到他掌握軍政大權後，便大力提倡文化教育。他下詔徵集文獻圖籍、興辦學校、優待士人，又在居處旁修建「延賓亭」，專門接待文人雅士，談詩論文，好不快意。由於他執政得當，受到知識階層的擁戴，所以威望日隆。

山林隱士沈彬，獻上《觀畫山水圖》，圖上題句：「須知手筆安排定，不怕山河整頓難」。用畫師畫山水來隱喻李昪治理國家，說得真是高明！又傳說李昪受禪登基前，有僧人半夜突然撞鐘，把滿城的人都弄醒了。抓來一問，那和尚道：「夜來偶得好詩，一時高興，不覺撞鐘。」李昪問：「是何好詩？」那和尚當下朗誦：「徐徐東海出，漸漸入天衢。此夜一輪滿，清光何處無？」這首《詠月詩》用滿輪的清月象徵南唐，用漸入天衢象徵國勢，意境美、氣象闊。二人皆心領神會，這就是藝術。

先主李昪在位六年，國泰民安、文化昌盛，可謂明君。

 　李昪，南唐的第一位國主，出身貧賤，然而治國有方。對內奉行保境安民、休養生息的政策，對週邊的國家則採取和平睦鄰的態度，國勢日昌，可惜僅在位六年就去世了。

李後主，你在說什麼？

周宗與徐鍇

李後主，你在說什麼？

　　周宗是南唐老臣。他年輕時就追隨李昇，出使四方，二人的關係十分融洽。李昇登基、南唐開國，他的功勞都很大。李昇稱帝後，他晉升為內樞使、同平章事，又遷侍中。中主李璟即位，他與朝廷重臣宋齊丘並為宰相。因為他與南唐王室關係非同一般，在朝中也享受到特殊的待遇，一直活到七十多歲才以司徒的職位退休。不久，周師南侵，南唐國勢轉衰，他在這個時候生病去世。在殯禮時，宋齊丘撫著他的棺木，哭著說：「先生真是太滑頭了，來得是時候，走得也是時候！」這是保大末年的事情。

　　廖居素，也是南唐舊臣。他為人堅毅而正直，因此不得當權者的歡心。李後主即位後，才提升他擔任瓊林光慶使、檢校太保、判三司的職位。因見國勢日下，群臣只知貪圖富貴、苟且享受，便慷慨陳詞，但卻不被朝廷所採納。他心懷憂憤，最後穿戴朝衣朝冠，閉門絕食而死。他臨死前留下遺書說：「吾之死，是不忍心見到國家破亡、君主受辱啊！」徐鍇寫文章悼念，將他比為歷史上的屈原、伍員。屈原自沉；伍子胥自刎；廖居素絕食而死，不都是出於一片忠君憂國之心嗎？這是開寶初年的事情。

　　徐鍇，字楚金，仕於南唐，官任知制誥、集賢殿學士。他與兄徐鉉同為當時最著名的學者。徐鉉精於篆隸，曾受詔校勘《說文解字》，徐鍇則著有《說文解字係傳》、《說文通釋》等書。兄弟二人同以文章才華受到世人的器重，被譽「南唐徐氏二龍」。開寶年間，因見時局危急、國勢日削，徐鍇憂憤成疾，不幸去世。臨死前，他對家人說：「從今以後，再不必擔心成為階下俘虜。」這是開寶七年的事情。

 生活智慧

當國勢衰頹、事不可為時，清醒地看著國家一步步走入深淵，這對於愛國者來說，實在是太痛苦了。於是，死亡便成了這種痛苦的自然解脫。

李後主的知己

徐鉉，字鼎臣，他曾是李後主的親近大臣，是南唐亡國的親歷者與見證人，也可說得上是李後主的知己。

徐鉉，是一位儒雅的學者，學識廣博、能言善辯。開寶八年，南唐亡國前夕，李後主派遣他出使汴京，當面向宋太祖趙匡胤陳情。徐鉉見到宋太祖後，慷慨陳詞：「陛下如天、如父，天能覆蓋地，父能庇護子。李煜向宋朝納貢輸賦，已經二十年了。一直以來皆以恭敬的態度奉事，並無任何過失，何以受到討伐的對待呢？」

宋太祖回答說：「你說宋與南唐，如同父子。父子之間，如何分成兩家？」徐鉉還想爭辯下去，趙匡胤手按寶劍，態度嚴厲地阻止他：「不必再說。江南亦何罪之有！我要的是天下統一、四海一家。請你想想，臥榻之旁，豈容他人鼾睡！」

趙匡胤說得直接了當，徐鉉也就無言以對。

金陵被攻佔後，徐鉉成為俘虜，被押往汴京。身為戰勝者的趙匡胤聲色嚴厲地責問徐鉉。徐鉉只是平靜地回答：「我是南唐的大臣，如今國家滅亡，我罪當一死而已，不必再問。」

趙匡胤聽了徐鉉的回答，很是欣賞。讚嘆地說：「真是忠臣呀！以後在我朝中作官，要像奉事南唐李氏一樣。」徐鉉後來便成了宋朝的官員。

李後主去世後，朝廷讓徐鉉為李煜寫篇《墓誌銘》。徐鉉請求面見宋太宗，流淚懇求說：「我以前事奉李煜，如果皇上允許我保留對舊主人的一番情誼，我才敢撰寫這篇文章。」宋太宗表示同意後，徐鉉便寫了《吳王隴西公墓誌銘》。

在這篇文章中，徐鉉評價李後主的一生，肯定他的藝術才能與人生態度，但也指出他缺乏政治的謀略，身處亂世，但躬行仁義，終致亡國。雖然如此，「道有所在，復何愧歟！」

　　徐鉉還爲李後主的死撰寫了《挽詞二首》，寄託哀思。詩文如下：

> 倐忽千齡盡，冥茫萬事空。
> 青松洛陽陌，芳草建康宮。
> 道德遺文在，興衰自古同。
> 受恩無補報，反袂泣途窮。
> 土德承餘烈，江南廣舊恩。
> 一朝人事變，千古信書存。
> 哀挽周原道，銘在鄭國門。
> 此生雖未死，寂寞已消魂。

　　詩意沉痛，涵蘊不盡。徐鉉眞可說是李後主的知己了。

生活智慧　　徐鉉曾是李後主的親近大臣，也是南唐亡國的親歷者與見證人，從他對李後主的評價，認爲李後主雖然有藝術才能與正確的人生態度，但他缺乏政治的謀略，身處亂世，躬行仁義，才會亡國，也可說得上是李後主的知己了。

中主李璟

李璟，南唐的第二位國主，廟號元宗，史稱嗣主，又稱中主，共在位十八年。

中主李璟稟性懦弱，又用人不當。在他執政的近二十年間，朝廷忠奸不辨，黨爭激烈，朝政紊亂無序，國勢因而由盛而衰。尤其是用兵閩越，軍旅屢興，冬徵夏斂，造成國力的虛耗。至保大十三年（公元九五五年），後周軍隊大舉南侵，南唐乃被迫獻出江北十四州的土地，又宣布取消帝號，向後周稱臣，成了中原的附屬國。經過這一番的挫折，南唐王朝的氣數可以說已衰，但還未盡。

作為南唐的第二任君主，李璟已經完全文士化了。李璟十分重視修飾自己的儀表與風度。野史中記載說，李璟「音容閒雅，眉目若畫」、「臨朝之際，曲盡姿制」。有一次，鄰國派遣使者前來朝聘，返國後對人說：「你們沒有見過南唐國的君主，他就像純玉雕琢而成。他的儀容之美，只怕南嶽真君神像也比不上。」

傳說李璟十五歲時，便寫出這樣的詩句：「蒼苔迷古道，紅葉亂朝霞。」這兩句詩寫的是廬山的景緻，古道上長滿了苔蘚，而遠樹紅葉與朝霞交映，詩句對仗工整，用筆凝練而傳神。

保大五年元月大雪，李璟與諸弟及朝廷近臣登樓賞雪。李璟有詩如下：

> 珠簾高卷莫輕遮，往往相逢隔歲華。
> 春氣昨宵飄律管，東風今日放梅花。
> 素姿好把芳姿掩，落勢還同舞勢斜。
> 坐有賓朋尊有酒，可憐清味屬儂家。

詩中寫道，春氣乍生，梅花初發，瑞雪飄飛，宛轉如舞，賓朋宴賞，清味何如！而雪花之素姿掩映於梅花芳姿之上，自然別有一番景緻。這首詩虛實交映生輝，頗有一種優雅華貴的帝王氣象。

當然，李璟最擅長的還是詞令的創作。他傳世的詞作只有四首，其中《浣溪沙》二首最為精美，也最受後人的稱賞。

其一：

手捲真珠上玉鉤，依前春恨鎖重樓。

風裡落花誰是主？思悠悠！

青鳥不傳雲外信，丁香空結雨中愁。

回首綠波三楚暮，接天流。

其二：

菡萏香銷翠葉殘，西風愁起綠波間。

還與韶光共憔悴，不堪看！

細雨夢回雞塞遠，小樓吹徹玉笙寒。

多少淚珠無限恨，倚闌干。

這兩首詞都是書寫閨中女子思念遠出丈夫（或情人）的作品。詞中語言之精麗、情感之婉約、形象之優美，將眼前景物與少女心情融成一體、了無痕跡。李璟的這種藝術氣質，被李煜繼承，並且將它昇華到一個更純粹、更精美的境界。

李璟雖非明主，但因本人多才多藝、好讀書，所創作的詞章亦清雅流麗、宛轉深情，所以在當時及後世都享有盛名。

中主李璟稟性懦弱，又用人不當，南唐在他手裡，氣數可以說已衰，只是還未盡而已。不過李璟本人多才多藝、好讀書，所創作的詞章亦清雅流麗、宛轉深情，所以在當時及後世都享有盛名。

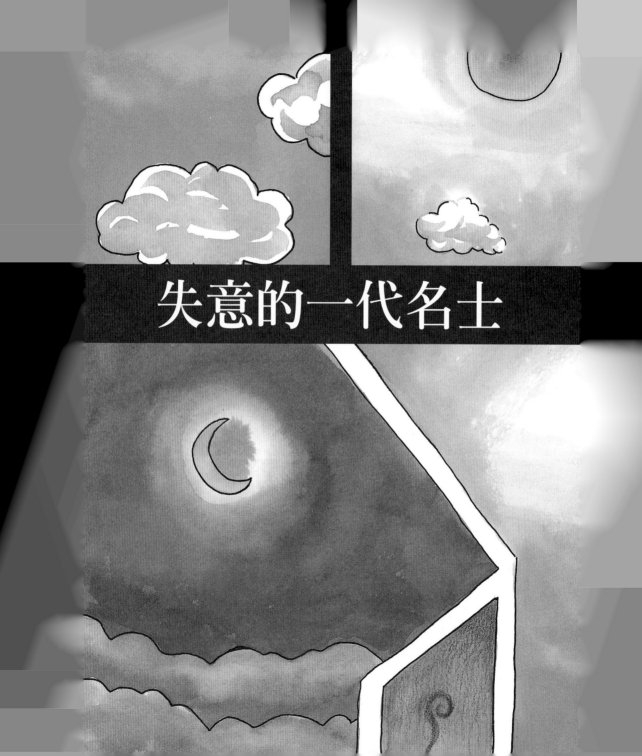

失意的一代名士

韓熙載，字叔言，人稱韓夫子，後唐同光年間進士，是南唐的大名士。

韓熙載是一個才華煥發而又狂放不羈的人。他家本來在山東，南渡前夕，在一次酒席上，他曾對朋友說：「江南如果用我做宰相，我就率師北伐，平定中原。」來到江南後，在給朝廷的自薦狀上，他說：「我在泗水之濱繼承了孔子所作的《春秋》，在下邳得到了黃石公所傳的兵書。現在正是我發揮陳平式的韜略，建立像魯仲連一樣功勳的時候。」他又說：「失去了范增，項羽就失敗了；得到了陳平，周朝就興起了。」言下之意，他就是陳平，他就是張良，他可以為帝王之師，復興大業。然而南唐只用他擔任秘書郎、史館修撰之類的小官。

保大七年，契丹滅後晉，中原陷於大亂之中，韓熙載向中主李璟上疏說：「陛下有經營天下之志，恢復大唐祖輩的功業，現在正是時機。若契丹已歸，中原有主，就無法可圖了。」李璟沒有採納他的意見，機會就這麼喪失了。

保大末年，南唐朝廷又在議論是否要北伐中原。韓熙載說：「北伐原本是我的心願，但眼前的形勢不允許。中原的邊防鞏固，我方隨意興兵，結果豈只無功而已。」後來，局勢的發展，果然又被他料中了。由此可知，韓熙載絕不是一個虛言浮誇、不切實際的假名士。

韓熙載在奉使北朝時，曾經寫下了《感懷詩》二首。

其一：

僕本江北人，今作江南客。
再去江北遊，舉目無相識。
金風吹我寒，秋月為誰白。
不如歸去來，江南有人憶。

其二：

未到故鄉時，將為故鄉好。
及至親得歸，爭如身不到！

目前相識無一人，出入空傷我懷抱。

風雨蕭蕭旅館秋，歸來窗下和衣倒。

夢中忽到江南路，尋得花邊舊居處。

桃臉蛾眉笑出門，爭向前頭擁將去。

　　這兩首詩道盡了亂世名士失意人間、欲歸無處的傷痛和委屈。

　　李後主即位後，立即委以吏部侍郎、兵部尚書等重要職務，充勤政殿學士承旨，並有意讓他出任宰相。韓熙載因感於國事日非，乃行自穢之計，使得後主的這一計畫未能實施。

　　開寶二年，韓熙載病重，曾給朝廷上表，其中略說：

無橫草之功，有滔天之過。

老妻伏枕以呻吟，稚子環床而坐泣。

　　在這誇張的言辭之下，我們可以聽到他深長的嘆息！一個有著絕代才華的人，始終不能實現統一中原的抱負，只能徒呼負負、寄情詩詞。

　　開寶三年，韓熙載因病去世，年六十九歲。

生活
智慧

　　韓熙載才華煥發而又狂放不羈，自以為可作帝王之師，復興大業，然而南唐只用他擔任秘書郎、史館修撰之類的小官。到了晚年，雖然做到吏部侍郎、兵部尚書的職位，但國事日非，終究不能北伐，統一中原。

南唐忠臣

南唐亡國之際，許多性情剛烈的人捨生赴死，有的奮戰犧牲，有的自殺身亡，讓人不勝唏噓！

鍾蒨，字德林，是一個講究操守的文人。保大年間，曾任東都少尹。後主時，官拜政殿學士。他很會作詩，有一首詩《賦山則諸知己》這樣寫的：

暮景江亭上，雲山日望多。

只仇解鞿鞿，長恨隔嵯峨。

有意圖功業，無心憶薜蘿。

親朋將遠別，且共醉笙歌。

又有一首詩《別諸同志‧得新鴻》這麼寫的：

隨陽來萬里，點點渡遙空。

影落長江水，聲悲半夜風。

殘秋辭絕漠，無定似驚蓬。

我有離群恨，飄飄類此鴻。

前一首詩藉詠山表達離別之意，後一首詩藉詠飛鴻寄託私友之情，詩的意境高遠、耐人尋味。像這樣一位才華洋溢的詩人，當宋師攻破金陵城的時候，因傷悼故國的淪亡，自殺而死。

李雄，一作張雄，淮南人。當周師南侵時，他組織義軍，頗有戰功，是當地有名的義軍領袖，後來擔任袁州、汀州統軍使。宋師圍困金陵時，他奉後主之命率軍東下救援，臨出發前，他對自己的幾個兒子說：「此次必奮勇殺敵，死而後已。你們若不拼死作戰，便算不上忠孝之子。」

李雄的軍隊在溧陽與宋軍遭遇，作戰失利，李雄與他的八個兒子都奮不顧身、血戰而死，沒有一個人存活下來。李雄全家為國捐軀的消息傳開，國人都為之感傷不已。

廖澄，曾參加後梁開平二年的科學考試，中進士，仕於南唐，官至大理評事。金陵被圍困的時候，有人勸他投降，他回答說：「我久仕於唐，不能不講君臣大義。」城破之日，廖澄交待好後事，從容仰藥而死。

鍾蒨、李雄、廖澄，他們都是南唐的忠臣。

生活智慧

南唐亡國之際，許多性情剛烈的人捨生赴死，有的奮戰犧牲，有的自殺身亡。鍾蒨、李雄、廖澄，他們都是南唐的忠臣。

李後主，你在說什麼？

落魄書生獻策

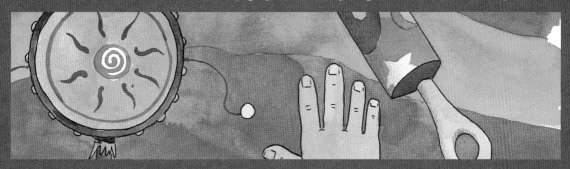

樊若水，原名樊若冰，原是一介落魄書生，曾多次參加南唐的進士考試，皆未能中第。爲了洩憤，他決定投奔北方的宋朝，甚至帶領宋軍掃蕩江南，一舉滅南唐。

樊若水用心深遠，爲了滅南唐大計，他預作準備，先到長江畔的采石磯旁落髮爲僧。白日在江面垂釣，夜裡乘一葉小舟撐往對岸，以丈量長江的面寬。他想如果將來在江面上修建一座浮橋，那麼宋朝的軍隊就能夠順利地渡過長江天塹。當他有了周密的計畫及相關的情報後，便北上汴京，求見宋太祖趙匡胤。

趙匡胤問：「你叫什麼名字？」

「臣名樊若水，又名若冰。」

「爲何叫這個名字？」趙匡胤又問。

「唐玄宗時，朝中有一位名臣叫倪若水。他曾任尚書右丞，任官期間政績顯著，我十分仰慕他的爲人，所以取名叫若水。忠君之心，冰清玉潔，所以又叫若冰。」

樊若水恭敬地回答。

趙匡胤覺得「若冰」聽起來像「弱兵」，不好，就說：「我給你另取一個名字吧，就叫『知古』好了。」

從此，樊若水改名叫「樊知古」，成了宋朝的官員。

樊若水投奔宋朝的消息傳到家鄉，鄉裡人憤慨不已，吵著要殺掉他的全家。李後主不忍心，只讓地方當局將樊氏一家看管起來而已，後來又遵照趙匡胤的意旨，將他們送往北方。

據說宋軍南征時，宋軍真的依照樊若水的計畫設計，在采石磯上修建了一座浮橋。

後來，樊若水成了宋朝的首任池州知州。

但是樊若水在宋朝的仕途並不順利，原因出在他的人品並不端正。曾經在朝任戶部使，因為行為輕浮，外放為西川轉運使，因而鬱鬱不得志。又遇上青城王小波所領導的民眾武裝暴動，倉皇逃走東川，因擅離職守而被朝廷追究。最後被派任均洲知州，憂懼而死，年五十二歲。

生活智慧

　　樊若水，一介落魄書生，竟會為了洩憤，而投奔北方的宋朝，希望帶領宋軍掃蕩江南，一舉滅了南唐。樊若水，為了求官，竟可改名為「知古」，從這樣的行徑，我們可以知道他就算得意一時，也不會得意一世。

天亡南唐

南唐亡國的前夕，大臣陳喬面見李後主，對他說：「自古迄今沒有不亡之國。請許我背城一戰，死而無憾。」

就一代王朝來說，古今沒有不亡之國，是不爭的事實，有興盛就必然有滅亡。自從夏後氏以天下爲一姓之私以來，凡有一個開國雄主，就一定有一個亡國之君，概莫能外。夏禹治水是何等的辛勞，而夏桀對待百姓又是何等的殘虐，終乃滅亡。商湯立國是多麼的威赫，而到了商紂王，除了自焚，簡直沒有別的出路。周文王、武王的文德武功是何等的輝煌，然而還是出現了春秋戰國天下鼎沸的局面。漢高祖劉邦斬白蛇而起義，在逐鹿中原後奪得了天下，然而到了獻帝，卻看到他子孫們的悲慘下場，除了嘆息，又待何如。唐高祖、太宗整頓乾坤，開創了盛唐基業，及至僖宗、昭宗時，又是怎樣的一副局面！以上都還只是佔據中原的正統王朝，至於那些割據一方的諸侯之國，忽起忽衰，忽興忽亡，其間的翻覆和變化就更不用說了。

當一個王朝興盛時，天下之士皆爲我所使，天下之財皆爲我所用，天下之地與民皆爲我所有，此時，國家生氣蓬勃、氣象萬千，似無不可爲之事，無不可成之舉。然而一旦民心背離、大局衰頹、動亂頻仍，這時，離改朝換代、江山易主的日子就不遠了。

事實上，李後主的亡國並不屬於這一類。李後主在政治上雖然缺乏才幹，但還不至於到要亡國的地步。他之所以會亡國，據馬令《南唐書》評後主：「德雖不競，孰匪天亡？日月俱照，爝火銷光。」意思是說，日月升起來了，爝火自然就會熄滅了；所以大宋趙氏當了皇帝，當然南唐就不能存在了，這跟誰當南唐國主無關，南唐失國只是「天亡」，並不是「人亡」。

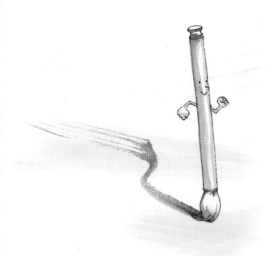

陸游《南唐書》也這麼評李後主：「雖仁愛足以感其遺民，而卒不能保社稷。」言下之意，李後主雖然有愛民之心，終究不能保有其國家，這是無可奈何的歷史悲哀！

李煜被俘入了汴京後，處境更為難堪，心靈更是苦上加苦。想到先輩所創的江山因自己而亡；想到從此再也沒有機會見到南唐的江山和人民；想到自己所犯的種種過錯，這是怎樣的一種煎熬！

不管南唐失國是「天亡」還是「人亡」，對故國的思念，對興亡的感慨，就像一杯苦酒，浸泡著李後主的心。

生活智慧

日月升起來了，燭火自然就會熄滅了；大宋趙匡胤當了皇帝，當然南唐就不能存在了，這跟誰當南唐國主無關。南唐失國只是「天亡」，而並不是「人亡」。李後主不能保有自己的國家，是無可奈何的歷史悲哀！

李煜之死

李後主生於南唐昇元元年（公元九三七年）的七夕，死於宋太平興國三年（公元九七八年）的七夕。

他的死與徐鉉對他的一場探訪有關。據宋人王銍《默記》所記載，徐鉉入宋後，官任左散騎常侍，遷給事中。有一天，宋太宗趙光義問徐鉉：「最近有無見過李煜？」

徐鉉回答：「沒有陛下的旨意，又怎敢私下會見？」

宋太宗說：「你去吧，就說奉我旨意。」

徐鉉於是來到李後主的居處，在門前下馬，只見一名老兵把守著大門。徐鉉說要見太傅（李後主當時名義上的官銜），守門的老兵說：「領有聖旨，不准私自會客。」

徐鉉答覆道：「吾乃奉皇上旨意前來。」

那個老兵便進去通報，徐鉉站在庭前等了很久。

李煜終於出來了。只見他頭戴紗帽、身穿道服、神色戚然。徐鉉上前欲行君臣跪拜大禮，李後主連忙步下台階，拉著徐鉉的手說：「時至今日，怎能行此種禮儀！」

徐鉉偏坐在椅角上，李後主便拉著他的手大哭了起來。哭著，哭著，靜默了下來，突然長歎了一口氣，說：「當年真不該錯殺潘佑呀！」

徐鉉再次見到皇上時，宋太宗就問到：「見面時說了什麼？」

徐鉉不敢隱瞞，便將李煜的話說了出來。

宋太宗聽了以後，內心忌恨。又因為李煜所寫的詞中常有許多感傷故國的內容，諸如：「小樓昨夜又東風，故國不堪回首月明中」、「問君能有幾多愁，恰似一江春水向東流」這類的句子，更堅定了他除掉李後主的決心。

於是在李後主慶祝四十二歲生日的時候，宋太宗趙光義派人用「牽機藥」將李煜毒死了。牽機藥，毒性猛烈，死時全身抽搐不止，死後頭足相就，就像彎弓一樣。一代詞人就這樣悲慘、痛苦的死了。

生活智慧

李後主在入宋後兩年又七個月，悲慘、痛苦的走了，既是生日，也是忌日。李後主的死宣告了一個悲劇故事的結束。它所寄寓的人生意義有待我們體味、思索、探求。

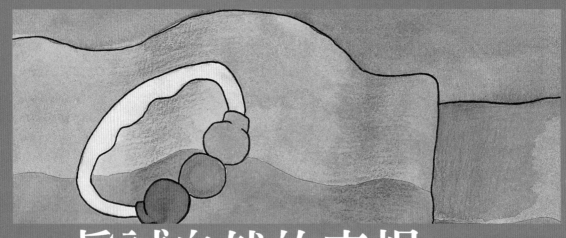

眞誠自然的李煜

李後主，真誠自然，就像嬰兒一樣。

嬰兒筋骨柔軟，但雙手卻很有力量；嬰兒整天哭啼，但喉嚨卻不會沙啞；嬰兒的氣息柔和，但綿綿不絕。嬰兒的心就像一株未曾沾染世俗塵垢的綠草，它的根深植於人類的本性中。

李後主像嬰兒一樣，但他的心並不是這種先天的嬰兒之心，而是後天的，受到文化薰陶而成就出來的心，表現於外的是一種真誠、自然，毫不矯飾的人生態度。

這種人生態度與儒家的誠信觀念、莊子的逍遙精神、禪宗的即心即佛，有著相當大的關聯。於是我們看到，當他歡樂時，他便把自己的歡樂無所保留地描寫出來；當他痛苦時，他便把自己的憂傷毫不掩飾地宣洩出來。他恣意地表現自己的癡情、自己的軟弱、自己的無奈、自己的困惑，沒有虛偽的話，也不保留自己的身分與面子。試想，從古以來，可有君王把自己幽會的情景寫下來？而且還流傳到宮廷之外。南唐滅亡之際，我們沒有看到空洞的宣示，卻看到「垂淚對宮娥」這樣的詞句。他，就是李後主，有著一片單純的心地。

除了真誠、自然之外，李後主還表現出一種善意，一種對有生之物悲憫的心態。傳說李後主曾經到青龍山打獵，網到一隻母猴。母猴見到後主，兩眼淚下，若有所告。後主覺得奇怪，便囑咐隨從人員不要傷害這隻母猴。這天晚上，母猴便產下了兩隻幼猴。

李後主不是一個賢明的君主，然而他的真誠與善意卻獲得了人民的同情。所以，當他死亡的消息傳到江南，故國的人民自覺地爲他巷哭失聲、設齋祭奠！

生活智慧　李後主像嬰兒一樣，但他的心並不是這種先天的嬰兒之心，而是後天的，受到文化薰陶而成就出來的心，表現於外的是一種真誠、自然，毫不矯飾的人生態度。

大法眼禪師

禪宗有「一花開五葉，結果自然成」的說法。「五葉」之一的法眼宗，它的創始人文益禪師便在南唐金陵傳道弘法。

文益（公元八八五年至公元九五八年），俗姓魯，余杭人。他七歲出家，從小受習佛法，研讀儒家經典，常常為了深究佛法、解除疑滯，來往於各地的寺院，拜訪名師大德。

有一次，因為雨雪阻隔，他暫時寄住在漳州的地藏院，順便拜訪在那裡的桂琛禪師。桂琛問文益：「此行何之？」

文益回答：「行腳去。」

桂琛又問：「行腳何之？」

文益答：「不知。」

桂琛說道：「不知最親切。」

此話一出，聽在桂琛耳裡，豁然有所悟。因為不識不知，無所執著，才有可能悟道。

臨別時，桂琛指著庭下的一塊石頭，問道：「你平常愛說『三界唯心，萬法唯識』，你且說說看這個石頭是在心內，還是在心外？」

文益答：「心內。」

桂琛幽默地反問道：「行腳人到處走，為什麼要放一個石頭在心內呢？」

文益不知如何回答是好，於是放下行囊，再向桂琛禪師請教佛理。

桂琛問他：「佛法是何樣？」

文益理絕詞窮，進一步請教。

桂琛說：「若論佛法，一切現成。」

所謂「一切現成」，就是說，一切都是自然而然存在著，不需要人為的安排，本來就如此。心裡有個石頭，本來就如此，所以不會增添重量。

文益是個有上等根器的人，一下子便悟了。

漸漸地，文益有了自己的禪學思想，也在臨川崇壽院開堂宣講佛法。南唐先主

李昇開國後，迎他至金陵，安頓在報恩禪院，後又遷往清涼寺。文益前後在三座道場闡揚佛法，一時間門庭極盛，數以千計的僧人前來求學問法。

有一次，文益與中主李璟一起觀賞牡丹，一起探討佛法妙義。文益應命賦詩：

擁毳對芳叢，由來趣不同。髮從今日白，花是去年紅。

艷冶隨朝露，馨香逐晚風。何須待零落，然後始知空！

面對牡丹，有人欣賞它的香豔，有人卻看到它的零落。萬物皆和牡丹花一樣，流動、變化、無常。然而這一切也是自然具足，圓融無礙的，又何須執著？

文益的《三界唯心頌》這麼說：

三界唯心，萬法唯識。唯識唯心，眼聲耳色。

色不到耳，聲何觸眼？眼色耳聲，萬法成辦。

萬法匪緣，豈觀如幻！山河大地，誰堅誰變？

可見，三界萬象，一切皆是禪，一切皆是本心所有，而且圓滿具足。法身無相，觸目皆形；般若無知，對緣而照。順從既有的萬象，適應自然的變化，過一種自在的人生，這就是法眼宗的人生妙諦。

有人問：「十二時中，如何行履，即得與道相應？」

文益答：「取捨之心成巧偽。」

有人問：「如何是古佛心？」

文益答：「流出慈悲喜捨。」

法眼宗所證得的世界，是一個自然真誠、慈悲為懷的世界。這樣的世界，透明、澄澈、清涼。

顯德五年，文益因病去世，中主李璟謚曰「大法眼禪師」。李後主即位後，再謚曰「大智藏大導師」。事實上，後主所嚮往的便是這樣一個透明、澄澈、清涼的精神世界。

所謂「一切現成」，就是說一切都是自然而然存在著，不需要人為的安排，本來就如此。人不需要執著「有」，也不需要執著「無」，在不知「有」不知「無」之下，一切現成。

喜歡畫畫的李後主

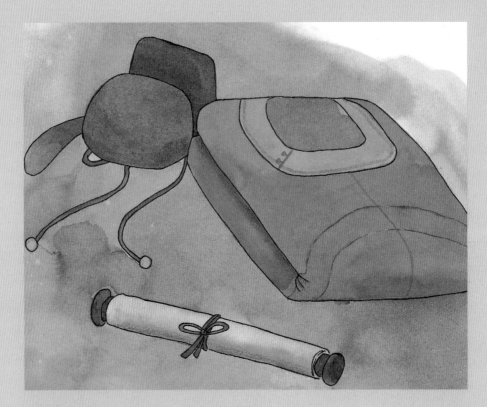

傳說在五代的時候，有一個很會畫畫的女子，有一天晚上，她獨自坐在南窗前，看見月光籠罩下，竹影婆娑，煞是美麗。她不禁磨墨揮毫，將所看到的景象描摹在窗紙上。第二天清早起來一看，畫竹不僅饒有生意、且有情趣。從此以後，人們起而做效，於是畫苑中便增添了墨竹一科。

　　李後主就喜歡畫這種墨竹。他是將寫書法的方式拿來作畫，他畫竹是從根部畫到竹稍，一一鉤勒而成，叫做「鐵鉤鎖」。又用顫筆突顯竹節的生動，讓人乍看有若古木。老枝霜皮、煙梢露葉，賞玩既久，竹林景色宛然在目。

　　李後主也很會畫禽鳥，尤其善於畫翎毛。據《宣和畫譜》所載，宋徽宗時御府所收藏的李後主畫作中，有《柘竹雙禽圖》、《柘枝寒禽圖》、《秋枝披霜圖》、《鶺鶹圖》、《竹禽圖》等，民間也可以看到後主所畫的《墨竹鴝鵒圖》。

除了竹木、禽鳥外，李後主也畫菩薩、羅漢、山川景色、龍虎、猿猴、螃蟹等等，在後主的畫筆下，有宗教、有自然、有動物，展現了多采多姿的藝術世界，難怪《宣和畫譜》上說：「江南偽主李煜，政事之暇，寓意於丹青，頗到妙處。」而郭若虛《圖畫見聞志》說：「後主才識清贍，書畫兼精。嘗觀所畫林木飛鳥，遠過常流，高出意外。金陵王相家有雜禽花木，李忠武家有竹枝圖，皆希世之物。」張丑《清河書畫舫》也說：「范庵李眞伯藏李後主《江山擷勝圖》水墨短卷，筆趣深長。」

　　從上面的評述，我們可以知道後主在繪畫上，不但求形似，更求形象之外的意趣。

李後主喜歡畫墨竹、菩薩、羅漢、禽鳥、山川景色、龍虎、猿猴、螃蟹等等，在後主的畫筆下，有宗教、有自然、有動物，展現了多采多姿的藝術世界。他的畫不但求形似，更求形象之外的意趣。

南唐的禪風

南唐的禪風鼎盛。那時，洪州的道恆和尚已得到六祖慧能、清涼文益的真傳。他強調認識自心、體悟自身的佛性，曾說：「諸人個個是佛。」又引用古語：「十方同聚會，箇箇學無為。此是選佛場，心空及第歸。」什麼是心空呢？和尚說：「不是閉目冷坐就是心空，是意識想解。……但且識心，便見心空」，「所以古人道，心空得見法王。」

又有人問什麼是「祖師西來意」，道恆和尚有偈道：

>不要三乘要祖宗，三乘不要與君同。

>居今欲會通宗旨，後夜猿啼在亂峰。

當時有一位行言和尚，也是文益的弟子。有一次，坐在佛堂，傳來斑鳩的啼聲。行言問：「這是什麼聲音呀？」

旁邊的僧人答：「這是斑鳩聲。」

行言說：「欲得不招無間業，莫謗如來正法輪。」

行言的話深藏機鋒，很是玄妙。他演說佛法時，這麼說：

>森羅萬象，諸佛洪源。顯明則海印光澄，冥昧則情迷自惑。

>苟非通心之士，逸格高人，則何以於諸塵中發揚妙極，卷舒物象？

>縱奪森羅，示生非生，應滅非滅。生滅洞已，乃曰真常。

>言假則影散千途，論真則一空絕跡。

他認為森羅萬象皆稟賦佛性，而佛性恆古長存、無處不在，而這一切都需要靠我們用心去體悟。李後主特地修建了報慈院，請行言和尚主持，並賜號「玄覺導師」。

又有文道和尚，曾注釋《楞嚴經》，在注釋完後，他去拜訪文益禪師，始發現自己對佛法的了解很浮淺，於是燒掉所注之文，從此專心悟道、忘記知解，禪學因此日進。他曾經說：「老僧平生，百無所解，日日一般。雖住此間，隨緣任運。」李後主賜他法號「雷音覺海大導師」。

金陵報恩院匡逸和尚佛法亦高妙，他說：

人無心合道，道無心合人。人道既合，是名無事。

人且自何而凡，自何而聖？

人迷謂之失，人悟謂之得。得失在於人，何關於動靜？

李後主為此「請居上院，署凝密禪師」（《五燈會元》卷十）。

又有智筠和尚，精通禪理。他認為諸佛倡導涅槃，達摩祖師西來，都是為了曉悟世人。李後主特地修建了淨德院，請他住持，並賜號「達觀禪師」。然而，他屢請還山，李後主只好讓他回到五峰棲玄禪院。

生活智慧

　　南唐的禪風鼎盛，先後有道恆和尚、行言和尚、文道和尚、匡逸和尚、智筠和尚等受到李後主的禮遇，並為他們建立禪院，以便闡揚佛法。南唐的禪風首重自心體悟，再來就是隨緣任運。

石頭和尚

唐代天寶年間，湖南衡山有一位著名的高僧，叫希遷。在他所居住寺院的東邊，有一巨石如台，希遷在石台上搭起了一間茅草屋，住在裡面，所以世人就稱呼他「石頭和尚」。有一天，石頭和尚讀《肇論》，當他看到「會萬物爲己者，其唯聖人乎」這句話時，拊几而嘆：「聖人無己，靡所不己。法身無象，誰云自他？圓鑑靈照於其間，萬象體玄而自現。境智非一，孰云去來！至哉斯語也。」

石頭和尚很認同這種聖人無我、萬物一體的思想。他曾做了一個夢，夢見他與六祖慧能共乘一龜，在一個深池中游泳。醒來後，思夢再三，龜不就是佛的智慧嗎？而深池就是心性之海呀！能與六祖同乘靈龜，游於性海，那是多麼非凡的徵兆呀！所以他便寫了《參同契》，闡說佛性與萬象、心與物、理與事的關係。其中有云：

> 靈源明皎潔（靈源，指心），
> 枝派暗流注（枝派，即物）。
> 執事元是迷（執著於事則迷），
> 契理亦非悟（單契合於理亦非悟道）。
> 當明中有暗（佛性的顯示有明有暗），
> 勿以暗相遇（不要執著於「暗」）；
> 當暗中有明，
> 勿以明相睹（也不要只看到「明」）。
> 明暗各相對（明與暗參差交互為一體），
> 比如前後步。

石頭和尚的《參同契》法旨深遠、玄妙，清涼文益（大法眼禪師）特別爲其注辭，而注辭也深契禪心，讓人讀之讚嘆不已。

李後主在讀到「當明中有暗」的注辭──「玄黃不眞，黑白何咎！」時，悟出了佛性永存、流注萬物的妙諦；悟出了明暗相對、參差回互的玄理；悟出了聖人無己、萬物一體的深意。

石頭和尚寫了《參同契》一書，來闡說佛性與萬象、心與物、理與事的關係。大法眼禪師又為其注辭，李後主從注辭中悟出了明暗相對、參差回互的玄理，我們從此可見後主對禪的專注。

李後主，你在說什麼？

李煜與趙佶

靖康二年（西元一一二七年），宋徽宗趙佶被金人擄掠北上，在過了九年的屈辱生活後，死於五國城（今黑龍江依蘭）。他的身世、他的遭遇，和南唐的李後主頗為相似。似乎一百五十年前李後主所遭遇的悲慘在宋徽宗身上又重演了。

宋徽宗多才多藝，善於書畫、詞賦。然而流傳下來的詞作並不多，僅十餘首，被擄後的詞也只有兩首。

其一《眼兒媚》：

> 玉京曾憶昔繁華，萬里帝王家，
>
> 瓊林玉殿，朝喧絃管，暮列笙琶。
>
> 花城人去今蕭索，春夢繞胡沙。
>
> 家山何處？忍聽羌笛，吹徹梅花。

這是宋徽宗身處北國、撫今思昔之作。詞藻明麗，情調淒婉。

其二《燕山亭》：

> 裁翦冰綃，輕疊數重，淡著燕脂勻注。
>
> 新樣靚妝，豔溢香融，羞殺蕊珠宮女。
>
> 易得凋零，更多少無情風雨！
>
> 愁苦，閒院落悽涼，幾番春暮。
>
> 憑寄離恨重重，這雙燕何曾，會人言語！
>
> 天遙地遠，萬水千山，知他故宮何處？
>
> 怎不思量，除夢裡有時曾去。
>
> 無據，和夢也新來不做。

詞中以杏花寄寓身世之感。上闋，先描寫杏花開放、姿色艷麗、香氣濃郁。接著述說杏花被風雨摧殘，寂寞地凋落；在憐花傷春中，有著自傷之意。下闋，描述雙燕的飛來不能傳達離恨，也只有在夢中思念故國、聊慰思情，然而連這樣的夢最近也不做了。

王國維對此有所評論，他說：「尼采謂『一切文學，余愛以血書者』。後主之詞，眞所謂以血書者也。宋道君皇帝（即宋徽宗）的《燕山亭》詞亦略似之。然道

君不過自道身世之戚，……其大小固不同矣。」

　　李後主與宋徽宗，其詞情之真是共同的，然而因為宋徽宗所表達的是個人的身世之悲，境界稍小，而李後主的詞涵容了人生共有的悲傷，所以境界較大。

　　李後主的《虞美人》：

　　　　春花秋月何時了？往事知多少！

　　　　小樓昨夜又東風，故國不堪回首月明中。

　　　　雕闌玉砌應猶在，只是朱顏改。

　　　　問君能有幾多愁？恰似一江春水向東流。

　　據說《虞美人》是李後主的「絕筆」，《燕山亭》也是宋徽宗的「絕筆」。同為「絕筆」之作，宋徽宗筆下的是一枝杏花，象徵的是一己的遭遇；而李後主詞中的「春花秋月」則包含了一切，寄寓的是永恆的生命。宋徽宗訴於雙燕，託於夢境；而李後主卻以「小樓昨夜又東風，故國不堪回首月明中」、「問君能有幾多愁，恰似一江春水向東流」這樣明快的語言奔流而下，其飽滿的力度、磅礡的氣勢足以強烈的震撼人心。

生活智慧

　　宋徽宗趙佶的身世、遭遇，和南唐的李後主頗為相似。兩個人都善於寫詞，然而，如果說《虞美人》是李後主的「絕筆」，《燕山亭》也是宋徽宗的「絕筆」，同為「絕筆」之作，宋徽宗筆下的是一枝杏花，象徵的是一己的遭遇；而李後主詞中的「春花秋月」則包含了一切，寄寓的是永恆的生命。其意境大小，大不相同。

詞的心、情與境

詞，是感受眞實生命的藝術結晶。

　　當夜深人靜、塵世的喧囂漸次平息時，你聽風、聽雨，聽松濤、聽溪流，聽狗吠、聽蟬鳴，聲聲滿耳，這時的你，突然覺得在風雨江山之外有一種獨立的精神存在，而萬事萬物就因爲這精神的存在與舒放而有了生命。你覺得這種獨立的精神與人的靈魂融匯一氣，而那風、那雨、那松濤、那蟬鳴狗吠也都具有了特別的蘊意，於是，心中一念慢慢升起、躍躍不息。這種對生命的眞實感受，便是「詞心」。

　　當你走在人生的長途上，聽著路邊不知名的樹葉在秋風中瑟瑟作響，而秋蟲如泣如訴低吟，你一邊艱苦地跋涉，一邊領悟著人間的萬象，人事相感、心物合一之際，一縷情思如泉水般從心底湧出，汩汩不止。這種感情，便是「詞情」。

　　當風雨如晦、雞鳴不已的早晨，當你排遣了無數的憂患與煩惱、萬緣俱寂之時，你的心中突然生出一道光明，這光明漸漸升起有如滿月。月華晶瑩而澄澈，照亮了自己的身心，也照亮了世界的物相。此時再回眸自己的一生，只覺得一切都已重新排列，披上了未曾有過的光華。這種境界，便是「詞境」。

詞心、詞情、詞境，都是感受生命的一種昇華。只有當人對生命有所體悟時，這種感受才會被昇華，萬象中也才有了人性的光輝。

況周頤在他的《惠風詞話》中這麼說：

　　吾聽風雨，吾覽江山，常覺風雨江山外有萬不得已者在。

　　此萬不得已者，即詞心也。

　　而能以吾言寫吾心，即吾詞也。

　　此萬不得已者，由吾心醞釀而出，即吾詞之真也。

　　吾蒼茫獨立於寂寞無人之區，忽有匪夷所思之一念，

　　自沉冥杳靄中來，吾於是乎有詞。

所以，寫詞不是刻紅剪翠、吟風弄月，不是搜索枯腸、雕章琢句。寫詞，是體悟生命的藝術。詞因為有了這種生命的體驗，便有了人的靈性，有了詩情與哲理，更有了震顫人心的力量。

生活智慧

詞心、詞情、詞境，都是感受生命的一種昇華。只有當人對生命有所體悟時，這種感受才會被昇華，萬象中也才有了人性的光輝。這時候所寫出來的詞才會有震顫人心的力量。

佛門中求解脫

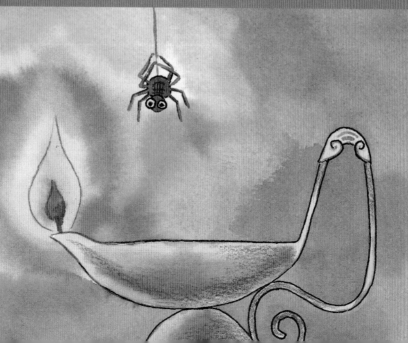

憔悴年來甚，蕭條益自傷。

風威侵病骨，雨氣咽愁腸。

夜鼎唯煎藥，朝髭半染霜。

前緣竟何似，誰與問空王！

——李煜《病中感懷》

李煜的後期生活痛苦不堪。令他痛苦的，一是生理上的病痛，二是心理上的憂傷。

李後主的病可以從他的家族病史中考證，這種病的具體症狀無從詳知，然而從他的詩作中反覆地流露，可以想見這種病在他身心上造成的痛苦。後主性格脆弱、敏感異常，常常沉浸在虛幻的感傷中，這樣的精神狀態與他的君主身份是不適宜的，但卻為藝術創作提供了一個獨特的心理環境。

讓我們從身體與心理兩方面來解說後主的這首詩《病中感懷》。「憔悴」是疾病，「蕭條」是心情。由於生病的緣故，身體更加消瘦憔悴，一陣涼風吹來，那股寒意竟能直侵骨髓，病體是被摧殘得多麼嚴重呀！而自我感傷的情緒濃重得只能用「蕭條」來形容，面對冷風淒雨，除了哽咽而淚下，又能做什麼？再看「夜鼎唯煎藥，朝髭半染霜。」詩的鋪排由情入事，對沉重的疾病與憂愁的心情作了更進一層的烘托。李白有詩：「白髮三千丈，緣愁似箇長。不知明鏡裡，何處得秋霜？」同樣的，李後主鏡中的「秋霜」（即白髮）又是怎麼來的呢？

有人認為浮生的一切因緣早已

註定，那麼李煜之所以會繼位南唐國主、遭受病魔之苦，失去愛子、愛妻之慟，以及種種讓他痛苦傷感的事，莫非前世因緣，不得不耳。李後主真的好想從佛門中得到答案，想從佛法中的妙旨勝義中獲得慰藉，因此詩的結尾這麼說：「前緣竟何似，誰與問空王」！

然而，空王（佛說一切皆空，故稱佛祖為空王）能給他怎樣的答覆呢？

生活智慧

李後主病體憔悴、心情蕭條，面對冷風淒雨、鏡中白髮，此生的一切因緣，不管悲喜、不論好惡，一切的一切，來去無蹤、無從解釋，只得求助佛門。然而陷入自我的感傷中，又能從「空王」那裡得到什麼答覆呢？

文學的「天籟」

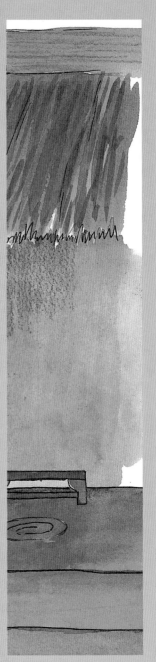

據《莊子‧齊物論》所記載，有一天，南郭子綦，也就是南郭老師，靠在講桌旁坐著。不看人，也不講課。仰天太息，似乎精神和肉體分離，忘卻了自己還有形骸一般。他的學生顏成子游站在旁邊侍候著，十分納悶，問老師說：

「先生有何憂煩？就算形體能如同枯木，然而心也能如死灰一般嗎？先生今日模樣，與之前所見過的神態完全不同！」

「很好，子游，能問出此等問題。」南郭老師聽到學生如此發問，心中怡然，這正切中回應。

南郭老師接著說：

「你知道嗎？我現在的形體雖然靠在桌上，內心早已忘卻自己、超然物外了。就像你平常聽過絲竹管樂（人籟），卻未必留意過大自然中的各種風聲（地籟），就算你有欣賞過大自然的風聲，卻未必領會過大自然中的那種無聲之聲（天籟）。」

「這又怎麼說呢？」子游問。

「自然界所發出的氣息，叫作風。風不起則已，一起則所有的草木土石皆成樂器，發出自個兒高妙的聲音。聽過長風嗚嗚的叫聲嗎？那些起伏的山林、樹間的洞穴，就像人類的口耳鼻，成為風的發音器。也像柱子間方木的孔穴、養豬羊的欄圈、搗米的石臼，像深池、像淺穴，經風一吹，發出各式樣的聲音來。有的像水浪沖激的聲音、有的像箭矢發射的聲音，有的粗暴、有的細緻，有的像大聲喊叫、有的像低聲哭泣，有的像黃鶯清脆鳴叫、有的杳遠迂迴，聲音有的重、有的輕，莫不和諧。起小風，發出的聲音小；起大風，發出的聲音大，風一止，寂然寧靜，一切的聲音都停止了。你不曾見過，風吹過後的樹梢微微地顫動嗎？」南郭老師說。

子游又接著問：

「『地籟』是從山川草木所形成的自然竅穴中所發出的風聲；『人籟』是從各種不同的樂器所發出的樂聲，那麼『天籟』又是什麼？」

「風一起，萬物皆被吹拂，也因不同的形狀、質材形成不同的竅穴，而發出不同的聲音。所有一切，必定等待風起，才能發出各種聲音。若沒有風，一切的竅穴又怎能出聲音？而天籟其實就是自然無聲的風罷了！」南郭老師回答。

清人周稚圭認爲李後主的詞就是這種「天籟」，「恐非人力所及」。文學的「天籟」貴在眞實。眞實是文學的生命，也是文學魅力的所在。沒有虛僞、俗套，或者名利心，才能談到是否眞實，才有可能達到有若「天籟」的文學。文學的「天籟」貴在自然。要達到自然的境界，先要有萬物齊一的觀念。「起小風，發出的聲音小，起大風，發出的聲音大，風一止，寂然寧靜，一切的聲音都沒有了。」這就是自然。自然，沒有貴賤、優劣、高下的區別。文學的「天籟」，除了眞實、自然之外，又是一種藝術的聲音。人性是它的大地，社會的治亂、國家的興衰、人生的遇合、四時的變化，是它的風風雨雨。清風小和，暴風大和，風止，則一切歸於寂靜，這就是文學「天籟」的藝術極致。

　　李後主的詞，眞實地抒寫了他的歡樂與悲傷，流露出他對人性的困惑與迷惘，它是自然無聲的風，它是「天籟」。

李後主，你在說什麼？

生活智慧　李後主的詞，眞實、自然。它是一種藝術的聲音，是一種自然無聲的風，它是文學的「天籟」。

詞與禪的融合

從表面上來看，詞與禪的距離很大，它們是格格不入的兩樣東西。詞是文學的樣式，禪是佛教的勝義；寫詞是為了抒發性靈，習禪是為了參悟真如，二者的性質與目的皆不同。再就境界來說，禪境比較偏於寂靜、蕭穆；詞境則側重纏綿與艷情。原本截然不同的東西竟在文化的奇妙推演下，逐漸融合、滲透，展現出一番新的樣貌出來。

敦煌曲子中有《歸去來‧出家樂讚》、《歸西方讚》、《太子五更轉》、《禪門十二時》等，這些可能是佛寺中傳唱的俗曲，就有詞的影子。如《南宗讚》：

> 一更長，如來智慧化中藏。
> 不知自身本是佛，無明障蔽自慌忙。
> 了五蘊，體皆亡；滅六識，不相當。
> 行住坐臥常注意，則知四大是佛堂。

又《太子十二時‧辰時》：

> 食時辰，本性持戒斷貪瞋。
> 不羨世間為國主，唯求涅槃成佛因。

這些將佛的教義編在裡面的小曲，顯然是以禪入詞的最初階段，而在李後主的詞中，就可以看到禪的身影，是那麼的深入、微妙、精緻，它表現出一種氣質、一種圓融的意境。讓我們來看看李後主的詞：

> 深院靜，小庭空，斷續寒砧斷續風。
> 無奈夜長人不寐，數聲和月到簾櫳。
>
> ——《搗練子令》

> 千里江山寒色遠，蘆花深處泊孤舟。
> 笛在月明樓！
>
> ——《望江梅》

詞中除了那一縷情感，一切的物像都被虛化了。月光、山色、清風、蘆花，以及悠揚的笛聲都有了靈性，蕩漾成一片「三界唯心、萬法唯識」的世界。禪宗所謂的「青青翠竹，總是法身；鬱鬱黃花，無非般若」稍加修改，便移置、融入了詞中。

　　李後主特別喜愛月亮。在後主的詞中，「馬蹄清夜月」是一種境界，「花明月暗」又是一種境界；「曉月墜、宿雲微」是一種境界，「子規啼月小樓西」又是一種境界。在世上萬千的物像中，也許只有明月、禪，與後主的藝術化人格如此和諧地統一在一起。

　　在李後主的詞中，我們可以看到禪的身影，它是那麼的深入、微妙、精緻，它表現出一種氣質、一種圓融的意境。它是詞，也是禪。

莊子的影響

行也禪，坐也禪，語默動靜體安然。
縱遇鋒刀常坦坦，假饒毒藥也閒閒。
入深山，住蘭若，岑崟幽邃長松下。
優游靜坐野僧家，闃寂安居實蕭灑。
一性圓通一切性，一法遍含一切法。
一月普現一切水，一切水月一月攝。
—— 唐代永嘉玄覺《證道歌》

理極忘情謂，如何有喻齊。
到頭霜夜月，任運落前溪。
果熟猿兼重，山長似路迷。
舉頭殘照在，元是住居西。
—— 法眼宗文益禪師

　　在古代文人的心目中，「莊子」與「佛學」是可以相通的。它們的本來目的就是在尋求一種對現實的超越。莊子認為世間的一切太黑暗了，所以要逍遙出世，與天地精神相往來，藉以得到人性的自由與解放。佛教認為活在世上太痛苦了，所以要證成無上菩提，渡到彼岸，以入無生無滅的涅槃境界。莊子引導人們走向山林、回歸自然，以人性的逍遙不羈抒發自如的想像；佛教認為世事萬相，如夢幻泡影，有生即苦，勸人體悟自性，即心成佛。然而到了禪宗勃然興起，尤其是五葉繁盛之時，佛學又汲取莊學，所以在禪宗的思想中，可以感受到莊子的身影。從前面的兩首詩中，就可以讓人體會到禪中寓莊、莊融於禪的意境。

　　李後主參加佛事、誦讀佛典，又曾穿著僧衣、僧帽，畫過一幅「道裝像」，他受到佛教的影響顯而易見，但我們也不能忽略莊子在潛移默化中對後主所產生的影響。

莊子追求人性的自由與解放，而佛教鼓勵人們體悟自性，證得無生無滅的涅槃境界，二者皆在尋求一種對現實的超越，所以在禪宗的思想中，我們可以感受到莊子的身影。

被世人所棄的孤獨

「我本不棄世，世人自棄我」，這是何等的孤獨呀！孤獨，在人類的感情中，是一種非常複雜的心態。它表現在外的是一種期待、一種嚮往，一種渴求了解的心聲、一種無可告訴的幽怨。詩人的孤獨感則是一種更高層次、更為深沉的社會感情。它震撼著人心，讀這樣的詩章，內心有如雷擊。讓我們來欣賞唐代陳子昂的《登幽州臺歌》：「前不見古人，後不見來者。念天地之悠悠，獨愴然而涕下！」道盡了漫長歷史歲月中詩人的孤獨感。茫茫千古，悠悠天地，登高望遠，廣裘的宇宙，充滿胸臆，而壯志難酬，這是何等的傷悲呀！

　　再看王維的《竹里館》：「獨坐幽篁裡，彈琴復長嘯。深林人不知，明月來相照。」深寂的樹林，幽靜的竹叢，只有那淡淡的月光照著詩人彈琴長嘯的身影，這樣的境界是何等的淒清呀！

　　再來看看李白的《獨坐敬亭山》：「眾鳥高飛盡，孤雲獨去閑。相看兩不厭，只有敬亭山。」這樣的孤寂更深、更重。鳥兒飛盡了，孤雲飄走了，只有敬亭山與詩人默默相對。自然的有情，反襯出詩人的孤獨。類似的意境也可以在柳宗元的《江雪》中看到：「千山鳥飛絕，萬徑人蹤滅。孤舟簑笠翁，獨釣寒江雪。」鳥影不見，人跡消逝，在空曠的江面上，只有一葉孤舟，一個身披簑衣、頭戴斗笠的老翁正在垂釣著。老翁有著詩人的身影，孤獨是他們共同的語言。

　　相較之下，李後主的孤獨帶著更為淒惋的情調。讓我們來欣賞他的詞《相見歡》：

　　　　　無言獨上西樓，月如鉤。
　　　　　寂寞梧桐深院鎖清秋。
　　　　　剪不斷，理還亂，是離愁。
　　　　　別是一般滋味在心頭！

詞中寫的是離愁，但卻不僅是個人的，當他獨上西樓，仰望如鉤明月，凝聽梧桐秋聲的那一刻起，它便成了人類普遍相通的一種情感，一種共有的、生命的孤獨。只有自覺的人，只有對人生有所領悟的人，才能品嘗到這種孤獨的深重。

生活智慧

孤獨，在人類的感情中，是一種非常複雜的心態。它表現在外的是一種期待、一種嚮往，一種渴求了解的心聲、一種無可告訴的幽怨。詩人的孤獨感則是一種更高層次、更為深沉的社會感情。

病中有感

山舍初成病乍輕，杖藜巾褐稱閒情。

爐開小火深回暖，溝引新流幾曲聲。

暫約彭涓安朽質，終期宗遠問無生。

誰能役役塵中累，貪合魚龍構強名。

李後主在病中寫了一首詩《病起題山舍壁》，訴說他對人生的了解。

詩中的「山舍」，是李後主休息閒居的山間別墅。山舍環境優雅、近乎自然，對後主被塵世俗務弄得倦怠而憂傷的心靈來說，無疑是一種撫慰。這時，後主乘興來到這所新居，覺得病好多了，他頭披粗布巾，手杖古藤杖，舍內的小火爐正燒著，他感受到暖暖的空氣，耳邊傳來清溪的流水聲，他覺得自己回歸了自然，十分滿足於這種氛圍。在靜謐與悠閒中，他思索著人生。

「病態如衰弱，厭厭向五年」，一向多病的李後主，生活中有著太多的痛苦，讓他想到「如何安頓生命」這類嚴肅的問題。他想到彭祖、涓子、雷次宗、慧遠這些人物。

彭祖、涓子，是傳說中有名的養生家。彭祖活了八百歲，面若少年、不見衰老。涓子以服食養生，得以不死。李後主希望藉著道教的養生術，養好自己的生命，再從佛門中的西天淨土求得精神上的寄託。據佛教典籍記載，慧遠和尚曾與雷次宗、劉遺民等十八人在廬山結社、同修淨土，期以往生西天。李後主希望也能如此。

道教珍視個體的生命，佛門追求永恆的真如。在這清靜的山間別舍，李後主思考著人生的意義。世人紛擾，汲汲奔波於塵土之中，就像是一場幻術、一場遊戲。魚龍漫衍、變化萬端，為的是世俗的虛名。逢時的，權位顯赫；失勢的，危苦困蹇。然而，這一切的一切，不都是無常的安排、因緣的偶成嗎？

「病態如衰弱，厭厭向五年」，一向多病的李後主，生活中有著太多的痛苦，讓他想到「如何安頓生命」這類嚴肅的問題。李後主希望藉著道教的養生術，養好自己的生命，再從佛門中的西天淨土求得精神上的寄託。

生活智慧

悼念亡妻

秦樓不見吹簫女，空餘上苑風光。

粉英金蕊自低昂。

東風惱我，纔發一衿香。

瓊窗夢笛留殘日，當年得恨何長！

碧闌干外映垂楊。

暫時相見，如夢懶思量。

——《謝新恩》

　　古時候，有一則廣為流傳的神話 —— 秦穆公時，有一位很會吹簫的人，叫簫史。他的簫聲悠揚、飄逸，引得孔雀、白鶴都飛落到他庭前。簫史與穆公之女弄玉產生情愫，後結為夫妻。婚後，簫史每天教弄玉吹簫，幾年就這樣過去了，弄玉在簫史的調教下，簫聲和悅圓美、好似鳳鳴，引得鳳凰雙飛而來。有一天，簫史和弄玉終於隨著鳳凰飛去。

　　傳說中的簫史和弄玉是一對美滿的夫妻，他們情投意合，有著共同的音樂愛好，這和南唐的李後主與大周后的婚姻有幾分相似。但是，很不幸的，當李後主二十八歲時，大周后因為重病和喪子的緣故去世了，李後主寫下《謝新恩》悼念亡妻。

　　在詞的上闋中，李後主寫著，人去樓空、風光依舊，各色鮮花在春天裡依然綻放，它們高低相間、錯落有致，而一襟微風吹來，更送來惱人的幽香。春天的花香為什麼會惹得人生煩惱呢？這自然是由於它引發了後主對亡妻的思念。

　　在下闋中，李後主寫到夢境，夢後的殘日、垂楊，以及寫到自己正當青春年華卻遭到的情與恨。正值青壯年的他失去了妻與子，那是多麼綿長的悲慟呀！讓他興起了無常的感懷，所以詞中疊合著兩重夢境 —— 一是瓊窗下的夢，這是因為思念而生的夢；一是人生的大夢，這是因了悟而感的夢。

詞以「秦樓不見吹簫女」開頭，以「如夢懶思量」結尾，首尾相呼應，說是「懶思量」，又怎能不思量呢？

這首詞雖以悼亡為主題，但字字散發出精緻婉約的藝術風貌。李後主所要表達的不是事實的本身，而是一片傷惋的心情、一段思緒的投影，就像偶而飄過眼前的雲絲。

正值青壯年的李後主失去了妻與子，那是多麼綿長的悲慟呀！只能寄情詩詞排遣愁日，只願過往的情、過往的恨，走了就走了，就像偶而飄過眼前的雲絲，再也不見它的蹤影。

夜雨打芭蕉

雲一緺，玉一梭，
澹澹衫兒薄薄羅。
秋風多，雨相和，
簾外芭蕉三兩窠。
夜長人奈何！
　　　　——李煜《長相思》

梧桐樹，三更雨，
不道離情正苦！
一葉葉，一聲聲，
空階滴到明。
　　　　——溫庭筠《更漏子》下闋

　　李煜的《長相思》是一首格調淡雅的小令，是一位青春少女的素描像。上闋寫其貌，下闋寫其情。

　　寫貌時不用工筆、不施重色，只用淡淡的勾勒，描繪出少女如雲的秀髮，髮髻上的玉簪，她的裝束，以及微微皺眉的神態，就這樣，一位身材苗條、容貌秀麗、情態嫻雅，又微露憂傷的少女倩影便顯現出來了。

　　寫情時則用點染烘托之法，現出少女的生活環境，從而抒寫出在西風蕭瑟、秋雨敲打芭蕉夜的漫長秋夜裡，一個青春女子的孤寂之情。

　　以聲寫情是我國古代詩詞中最富藝術情味，也是最有神秘感的一種技法。因為對於自然的諸多感受中，聲音給予人的感覺最為奇妙，也最難以言說。其精微處，不能作理智的分析，只能心領神會。

　　這首詞在抒寫夜雨芭蕉時所給人的心理感受，再看看杜牧的《雨詩》：

一夜不眠孤客耳，主人窗外有芭蕉

這樣的不眠夜，雨打芭蕉的聲音訴說著杜牧旅途中的寂寥。徐凝的《宿冽上人房》：

覺後始知身是夢，更聞寒雨滴芭蕉

寒雨滴芭蕉的聲音帶給徐凝人生的感悟。李煜《長相思》中的少女聽到夜雨敲打芭蕉的聲音時，泛起的是青春覺醒的思情。還有溫庭筠的《更漏子》下闋中藉梧桐夜雨來表現離情，雖然與後主藉芭蕉夜雨抒寫情思有異，但在詞藝的結構上是一樣的。

生活智慧

以聲寫情是我國古代詩詞中最富藝術情味，也是最有神秘感的一種技法。因為對於自然的諸多感受中，聲音給予人的感覺最為奇妙，也最難以言說。其精微處，不能作理智的分析，只能心領神會。

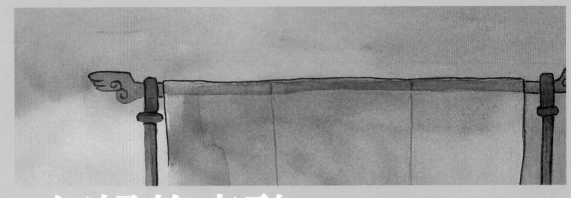

征婦的辛酸

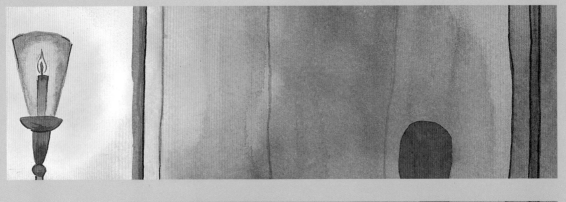

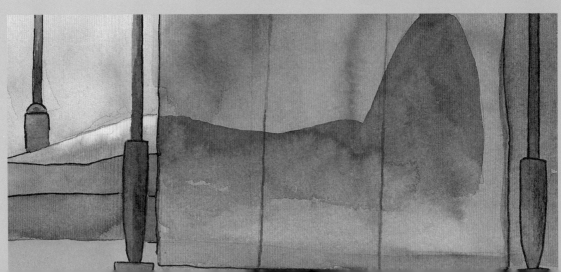

在漫長的歷史年代裡，為了保衛國家的安全和百姓的日常生活，國家需要在邊境上駐紮大量的軍隊，而這些戍邊士卒的身分就是征夫，他們遠在家鄉的妻子也就是征婦了。

征婦的生活是淒涼、辛勞的。每到秋風吹起的時候，她們便要為丈夫備製寒衣。備製寒衣的第一道工序是「搗素」，就是將布帛放在搗衣砧上，用杵將之捶平，又叫「搗衣」。久而久之，「搗衣」便讓人聯想到「征婦」。讓我們欣賞李煜的詞《搗練子令》：

> 深院靜，小庭空，斷續寒砧斷續風。
>
> 無奈夜長人不寐，數聲和月到簾櫳。

這是一首征婦思念丈夫的詞。再看看沈佺期的《獨不見》：「九月寒砧催木葉，十年征戍憶遼陽。」張若虛的《春江花月夜》：「可憐樓上月徘徊，應照離人妝鏡臺。玉戶簾中卷不去，搗衣砧上拂還來。」王建的《搗衣曲》：「月明中庭搗衣石，掩帷下堂來搗帛。重燒熨斗帖兩頭，與郎裁作迎寒裘。」李白的《子夜吳歌》：「長安一片月，萬戶搗衣聲。秋風吹不盡，總是玉關情。何日平胡虜，良人罷遠征！」在寂靜的夜晚，在空曠的庭院，隨著陣陣的秋風，伴著如水的月色，傳到深夜未眠人耳裡的，就是這斷斷續續的搗衣聲。

明代文學家楊慎吟哦著李煜的《搗練子令》，深深為它蘊藉的美所打動，但意猶未足，便詭稱他得到了古本。古本上是一首前後兩闋的《鷓鴣天》：

塘水初澄似玉容，所思還在別離中。

誰知九月初三夜，露似珍珠月似弓。

深院靜，小庭空，斷續寒砧斷續風。

無奈夜長人不寐，數聲和月到簾櫳。

　　楊慎所補的四句爲詞中相思不寐的女子安排了一
幅大場景——天上是如弓的殘月，地上是清澄的塘水和草木上的露珠兒。「誰知」
二句借用白居易的《暮江吟》：

　　　　一道殘陽鋪水中，半江瑟瑟半江紅。

　　　　可憐九月初三夜，露似珍珠月似弓。

　　「所思還在別離中」，則是將王渙的《惆悵詩》：「謝家池館花籠月，簫寺房
廊竹颭風。夜半酒醒憑檻立，所思多在別離中。」中的最後一句的「多」改爲
「還」，不僅將泛指改成了特指，也可見其離別之久。而將白居易詩中的「可憐九
月初三夜」的「可憐」改爲「誰知」，更傳達出思婦的孤獨寂寞之情。

　　李後主的《搗練子令》結體純淨而情深，楊慎的補作色調明麗而豐郁，兩相
比較，可見藝術創作的確是各見靈性了。

生活智慧

　　古時，征婦的生活是淒涼、辛勞的。每到秋風吹起的時候，
她們便要爲丈夫備製寒衣。備製寒衣的首要步驟就是搗衣。李煜
將思婦深夜裡搗衣的情景描述地入木三分。殘月如弓，搗衣聲若
斷若續，這樣的情景是多麼的淒美啊！

靈秀自然的詞章

　　清代詞評家周濟說：「西施、毛嬙，都是天下知名的美人。她們嚴妝美，淡妝美，粗頭亂服，也不掩其國色之美。」他又說：「溫庭筠好比嚴妝之美女，韋莊好比淡妝之美女，李後主好比粗頭亂服、不假妝飾之美女。」王國維說：「溫飛卿之詞，句秀也；韋端己之詞，骨秀也；李重光之詞，神秀也。」

　　「粗頭亂服，不掩國色」，是周濟為李後主詞所作的畫像。「神秀」，是王國維對李後主的詞所下的評語。現將溫、韋、後主三位詞的藝術風貌作一簡要的對比與闡說。先來看看溫庭筠的《更漏子》：

　　　　柳絲長，春雨細，花外漏聲迢遞。
　　　　驚塞雁，起城烏，畫屏金鷓鴣。
　　　　香霧薄，透簾幕，惆悵謝家池閣。
　　　　紅燭背，繡簾垂，夢長君不知。

　　像不像一個嚴妝美人呢？詞中有色（金鷓鴣、紅燭）；有味（香霧）；有實相（柳絲、春雨、花）；有畫相（畫屏、繡簾）；有聲音（漏聲、塞雁、城烏）；還有夢境。總之，詞人用盡了一切的手段來刻畫這位別緒惆悵、相思多夢的美人形象。

　　然而，除了從優美的詞句中所浮現出的幾縷離情別緒之外，我們又能捕捉到什麼呢？

　　再看看韋莊的《菩薩蠻五首》（其一）：

　　　　紅樓別夜堪惆悵，香燈半捲流蘇帳。
　　　　殘月出門時，美人和淚辭。
　　　　琵琶金翠羽，絃上黃鶯語。
　　　　勸我早還家，綠窗人似花。

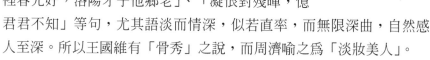

　　與溫詞相對照，一濃一淡、一密一疏。尤其是溫詞所寫的是標準的流行歌詞，與個人的行止、情緒沒有必然的關聯，而韋詞較常表現自己的經歷與情感。其《菩薩蠻五首》意脈貫穿流動，從中似可見其平生經歷，諸如：「人人盡說江南好，遊人只合江南老」、「珍重主人心，酒深情亦深」、「洛陽城裡春光好，洛陽才子他鄉老」、「凝恨對殘暉，憶君君不知」等句，尤其語淡而情深，似若直率，而無限深曲，自然感人至深。所以王國維有「骨秀」之說，而周濟喻之為「淡妝美人」。

　　讀李後主的詞，固然可以品賞句子的靈秀、領略意境的優雅，然而最主要的還是在那靈秀的詞語、優美的詞境下所蘊藏的藝術精神，這就是「神秀」。神秀是一種人性自在的光華。所以，當我們在欣賞李後主的詞時，我們知道那絕非單憑雕琢、勾勒、點染、埋伏等技巧所能達到的。

生活
智慧
　　「粗頭亂服，不掩國色」，是周濟為李後主詞章所作的畫像。「神秀」，是王國維對李後主的詞所下的評語。讀李後主的詞，我們不但可以品賞句子的靈秀、領略意境的優雅，還可以在那靈秀的詞語、優美的詞境下找到它所蘊藏的藝術精神。

芳草與落花

曉月墮，宿雲微，
無語枕頻攲。
夢回芳草思依依，
天遠雁聲稀。
啼鶯散，餘花亂，
寂寞畫堂深院。
片紅休掃盡從伊，
留待舞人歸。

———李煜《喜遷鶯》

　　這是一首色彩鮮明、意境優美的小詞。要理解它，必須要讀懂兩個意象，一是芳草，一是落花。

　　芳草是春天的象徵，它新鮮、晶潤、活潑，讓人感受到生的意趣，而那些純真的少女，又常穿著碧綠色的羅裙。由於移情的作用，便將二者聯繫起來。南朝江總妻的《賦庭草》詩：「雨過草芊芊，連雲鎖南陌。門前君試看，是妾羅裙色。」而五代牛希濟的《生查子》詞：「記得綠羅裙，處處憐芳草。」皆可看出芳草被女性化了，成了年輕少女（或少婦）的象徵。落花則寄託了對於青春流逝的惋惜之情，這也是一個沿襲已久的意象。再看看張若虛在《春江花月夜》中如何描寫思婦之怨：「昨夜閑潭夢落花，可憐春半

不還家。」溫庭筠的《望江南》：「山月不知心中事，水風空落眼前花。」李璟的《浣溪沙》：「風裡落花誰是主？思悠悠。」當春光漸老，花瓣隨風一片一片的飄落，這是件令人感傷的自然物象，而少女的青春年華因歲月的流逝而褪去美好的光澤，不也是一件令人惋惜的人生現象嗎？

讀懂了這兩個意象，《喜遷鶯》詞中的情事便了然於心了──這是一個清晨，曉月已經落下，隨著晨曦出現，天邊的雲影也淡了，詞的主人公剛度過一個思緒不寧的夜晚。他先是倚枕而臥、難以入眠，後來朦朧睡去，在夢中似乎見到他所懷念的情人，然而天邊的雁聲把他從夢中喚回，此時的他，還停留在依依不捨的惆悵裡。

既然醒了，哪裡還睡得著，他走出臥室，來到畫堂、深院，由於見不到她的身影，處處顯得格外寂寞、空曠。清晨，嘰嘰喳喳的啼鳥飛散後，餘花亂落，這樣的情景更加深了他的思念，他不禁說道，還是不要掃去那片片飄落的紅色花瓣吧！留在那兒，讓她回來後，自己去看、去想。

為什麼不掃落花呢？後人分析，有兩種意思。一是，留給心愛的人看，看那紅花飄落是多麼地可惜，能不有所警惕嗎？二是，讓心愛的人明白，惜花的人見此情景是多麼地難堪，希望藉此感動她的心，以後不要再遠離。

生活智慧　李煜是多情善感的詞人。他寫《喜遷鶯》來傳達他愛花惜花、留戀春光的心情，而春光就代表了青春與愛情。

新月似當年

風回小院庭蕪綠，柳眼春相續。

憑闌半日獨無言，依舊竹聲新月似當年。

笙歌未散尊前在，池面冰初解。

燭明香暗畫樓深，滿鬢清霜殘雪思難任。

——李煜《虞美人》

　　春天來了。春風吹綠了李後主庭院前的春草，吹綠了柔弱婀娜、依依多情的楊柳枝。楊柳是否也從冬天的沉睡中甦醒了？晶瑩潤澤的柳葉是否就是春天的媚眼輕綻？

　　李後主來到小樓上，站在欄杆前眺望著春色。他站在那兒許久許久，不說一句話，身邊也沒有一個人。他的心情像輕霧般飄落下來，化成露珠，點點滴滴滋潤著春野。春色也悄悄地用清風、綠草、柳眼，撩撥著他那敏於感受的心。

　　這是人與自然之間的一場心靈與情感的交流。

　　依舊是清風、綠草、柳眼相續。突然間，傳來一陣清風敲竹的聲音，像似一篇悠遠感人的詩章，一首韻味雋永的樂曲。李後主用心靈去感受著竹聲音色的清逸與韻味的綿長。

　　月亮升起了。這一彎新月，嫵媚又多情。它照過古人，又照今人，照過了不知多少的春秋，也照過了不知多少的興亡與聚散，舊的王朝衰敗了，新的王朝又興起了，就這樣構成了綿延不絕、生生不已的人類生存史。在與自然的心神交會中，李後主恍惚間似乎聽到歷史往前走的

匆匆腳步聲，他終於有所領悟。

想起往年，也是春天，也是清風、綠草、吐出嫩芽的楊柳條，也是春風敲竹、新月高掛、池冰初融的時節，不同的是，那個時候有許多的朋友聚在一起，飲酒賞樂，而今孤獨一人，那時的青春容顏，如今已換上了滿鬢白髮。人生無常、國事憂煩，無奈的李後主只有將它寄寓在竹聲新月中了。

生活智慧

月亮升起來了。這一彎新月，嫵媚又多情。它照過古人，又照今人，那時，朋友歡聚一堂、飲酒賞樂，它照著我；如今，我孤獨一人、登樓遠眺，它也照著我，只是今日的我，已不是那時的我。

浮生若夢

昨夜風兼雨，簾帷颯颯秋聲。

燭殘漏滴頻敧枕，起坐不能平。

世事漫隨流水，算來一夢浮生。

醉鄉路穩宜頻到，此外不堪行。

——李煜《烏夜啼》

有人說，詩人在人世間有兩種態度，不是醉就是醒。醒時，詩人的心就像明鏡，將人間世事的光明與黑暗、人心深處的罪惡與聖潔，一體顯現。但詩人更要能醉，才能暫脫世俗，墜入另一種變化迷離、奧妙惝恍的境地，才能體悟這渺渺人生、茫茫宇宙，才能排遣這無可奈何的情緒，才能……。

李後主是否已經進入這種奧妙惝恍的境界呢？當他清醒時，他看到了這個物像的世界，而且看得太多，看得內心沉甸甸的，但依舊不能遲鈍他那敏感的神經，麻木他那善於憂傷的心靈。

冬天過去了，春天過去了，夏天過去了，秋天又來了。

秋風、秋雨、秋聲……。

當此秋風秋雨的夜晚，當颯颯秋聲透過帷簾敲打李後主的心頭時，他正斜靠在床頭，對著殘燭、聽著漏滴。夜已經很深了，他的心還是起起伏伏，久久不能平靜。這是歷經巨大人生痛楚後的心靈悸痛。當這樣的痛苦伴隨著秋風、秋雨、秋聲綿綿無盡地湧來時，李後主恍然覺得這一切的一切不過是一場虛無的夢罷了。

與夢境相毗鄰的是醉鄉，這是幽徑相通、林木相錯的心靈之苑。人世間的痛苦、憤懣與憂傷，在這裡都化作了一縷雲煙，甚至在醉中有了更多超越形相的體悟。難怪後主在詞中會這麼說，只有通往醉鄉的路可靠，其餘皆不堪行。

有人說，詩人在人世間有兩種態度，不是醉就是醒。醒時，詩人的心就像明鏡，將人間世事的光明與黑暗、人心深處的罪惡與聖潔，一體顯現。但詩人更要能醉，才能暫脫世俗，墜入另一種變化迷離、奧妙惝恍的境地，才能體悟這渺渺人生、茫茫宇宙。

名士的憂愁

嗁載真名士，風流追謝安。

每留賓客飲，歌舞雜相歡。

卻有丹青士，燈前密細看。

誰知筵上景，明日到金鑾。

——元人鄭元祐

　　韓熙載是一位風流跌宕、頗有藝術氣質的真名士。

　　他是濰州北海（今屬山東省）人。在當時南北政權對峙並存的情況下，韓氏以北人身分而來南唐作官很容易受人懷疑，再加上南唐朝廷中黨人朋比為奸，時人目為「五鬼」，像韓熙載這樣胸襟開闊、有獨立人格的文人，自然不願與之同流合污，這就釀成了他身世的尷尬與內心的悲哀。

　　韓熙載才氣橫溢，他的文章、書法，在當世頗負盛名，就連衣裳、帽子也都喜歡設計特定款式，一時被稱為「風流之冠」。作為一種生活方式，韓熙載有意放縱不羈、匿跡於聲色之間。他家中有四十多名女妓，平時自由出入，有時與來賓混雜在一起，有時私自侍客，他也並不在意。這便產生了許多風流傳聞，輿論都嘲笑他「惟薄不修」。

　　李後主聽說韓氏夜宴時，賓客雜坐，聲妓娛樂，無拘無束，不知道是怎樣的一種情景，很是好奇，便派畫院待詔顧閎中前往拜訪，將所見的景象繪成一幅畫，這便是有名的《韓熙載夜宴圖》的由來。

　　《韓熙載夜宴圖》為絹本，長三百三十五點五厘米，高二十八點七厘米。全畫共分成五段，以屏風相間隔，按照時間的順序次地展開，場景各自獨立。第一段，描繪韓熙載與賓客一起聽少女彈奏琵琶的情景。賓客或側耳，或抱手，或回顧，都凝

神於琴曲之中。第二段，描繪一女子正以優雅的姿態表演舞蹈，韓熙載在一旁親自為之擊鼓。第三段，描繪小憩的場面，幾個侍女陪坐，韓熙載一邊洗手，一邊與侍女交談。第四段，五個女樂坐在繡墩上吹奏簫管，姿態各異，韓熙載袒腹坐在椅上，正與面前的一位侍女低聲耳語。第五段，描繪宴會結束，韓熙載凝視前方，賓客有的離去，有的與侍女調笑的場面。

　　整幅畫風格統一、渾然一體。最讓人印象深刻的是畫中韓熙載的模樣。他頭戴高帽、長髯垂胸，面對清樂妙舞，卻神色深沉、若有所思，一副鬱鬱寡歡的樣子，在在透露出他內心深處的苦悶與孤獨。

　　　　　　　　韓熙載是一位風流跌宕、頗有藝術氣質的真名士。他才氣橫溢，文章、書法皆負盛名，然而他卻不快樂。流傳到後世的《韓熙載夜宴圖》中，我們所看到的只是歡樂背後的苦悶與孤獨。

生活智慧

南唐名詞人馮延巳

誰道閒情拋棄久，每到春來，惆悵還依舊。

日日花前常病酒，不辭鏡裡朱顏瘦。

河畔青蕪堤上柳，為問新愁，何事年年有？

獨立小橋風滿袖，平林新月人歸後。

——馮氏《鵲踏枝》

細雨溼流光，芳草年年與恨長。

煙鎖鳳樓無限事，茫茫，鸞鏡鴛衾兩斷腸。

魂夢任悠揚，睡起楊花滿繡床。

薄倖不來門半掩，斜陽，負你殘春淚幾行！

——馮氏《南鄉子》

馮延巳，守正中，南唐著名的詞人。歷來評論馮詞時，如果涉及他的人品、詞品，總是會產生分歧的意見。就人品來說，馮氏的確是一個十分複雜的人物。他在世時，大臣孫晟就曾當面諷刺他，說他是「鴻筆藻麗，十生不及君；詼諧歌酒，百生不及君；謟媚險詐，累劫不及君。」朝廷物議，則將他歸於「四兇」、「五鬼」之列。他好作大言，然而身居宰輔之位，卻無措施。所以單從人品來論，馮氏是無可推許的。

然而就詞來說，馮氏詞章之清雅、情致之纏綿、態度之嫣然，這些都是公認的。處在如此動盪、黨爭的時代，懷著人格如此缺損的心靈世界，卻展現出清美、雅致的詞章，這就形成了一種奇特、迷離而又耐人尋味的文學景觀。

生活智慧

馮延巳，南唐著名的詞人。就人品來說，馮氏是一個十分複雜的人。他好作大言，然而身居宰輔之位，卻無措施。然而就詞來說，馮氏詞章之清雅、情致之纏綿、態度之嫣然，這些都是公認的。

閨中思情

雲鬢亂，晚妝殘，帶恨眉兒遠岫攢。

　　斜托香腮春筍嫩，為誰和淚倚闌干？

　　　　　　　　　　　　——李煜《搗練子》

　　這是一首小巧又優美的閨情詞。一般來說，描寫閨中思情的詩詞容易落入熟套，然而此詞別開格調，沒有脂粉氣，有如一幅素描畫。它用比喻寫形相，「雲鬢」形容女子烏雲般的鬢髮；古人畫眉如畫遠山，稱之為「遠山眉」；「遠岫攢」形容女子像遠山般地雙眉凝愁帶恨、緊蹙不展；「春筍嫩」形容女子的手指柔嫩得如同春筍一樣。於是人們會想——這樣的一位青春少女，皺著眉頭，手托香腮，雙目含淚，久久倚在欄杆前，她是為了誰，又盼著誰呢？

　　這首詞是如此的單純，一點也不難理解。明代楊慎在詞的前面又加了幾句，將它改題為《鷓鴣天》，詞文如下：

　　節侯雖佳景漸闌，吳綾已暖越羅寒。

　　朱扇日暮隨風掩，一樹藤花獨自看。

　　雲鬢亂，晚妝殘，帶恨眉兒遠岫攢。

　　斜托香腮春筍嫩，為誰和淚倚闌干？

　　楊慎所補的前兩句說到季節。晚春時節，春意闌珊，此時的天氣乍暖還寒，穿著吳綾裌襖時稍嫌悶熱，改穿越羅輕衫又稍感寒意。後兩句說，就在這樣的季節裡，不管向晚的天色，她獨自與一樹藤花默默相看。這裡所說的藤花，就其盛開的季節來看，應是紫藤花。唐代白居易有詩：「惆悵春歸留不得，紫藤花下漸黃昏」，所以紫藤花的開放帶來春歸的信息，而「一樹藤花獨自看」，其感情的寄寓也就在此了。接著是李煜詞中所寫的登樓遠望、倚欄等待。閨怨、春思之情便一氣貫穿了。

楊慎爲李後主的詞安排了特定的季節，烘托了閨情
的氣氛，讓詞變得更加豐潤動人。

生活
智慧
　　一般來說，描寫閨中思情的詩詞容易落入熟套，
然而李後主所寫的《搗練子》別開格調，沒有脂粉
氣，有如一幅素描畫。楊慎又爲它安排了特定的季
節，烘托了閨情的氣氛，讓詞變得更加豐潤動人。

歡樂的夢

簾外雨潺潺，春意闌珊。

羅衾不耐五更寒。

夢裡不知身是客，一餉貪歡。

獨自莫憑闌，無限江山。

別時容易見時難。

流水落花春去也，天上人間！

——李煜《浪淘沙令》

文人喜歡寫夢，因為夢可以寄託幻想，夢可以紓解憂傷。

於是，莊周夢見自己化作一隻蝴蝶，當他翩翩飛舞時，忘了自己是莊周。當他從夢中醒來，看見躺臥在床上的自己，不知是莊周夢中化作蝴蝶呢，還是蝴蝶夢中化成了莊周？於是，江淹因為在夢中得到了五彩筆，從此文采斐然。一旦夢中歸還了五彩筆，他的文思頓減，終至江郎才盡。於是，李白會在筆下寫道：「我欲因之夢吳越，一夜飛渡鏡湖月。」

夢境雖然是虛幻的，但它是人生實境的折光與補償。現實中失去的，在夢中可以復得；生活中缺憾的，在夢中可以彌補。所以莊子說，夢中飲酒而歡樂的人，清晨醒來會悲傷哭泣；夢中悲傷而哭泣的人，清晨醒來能感到紓解。

李後主寫了一首詞《浪淘沙令》，從詞中我們可以看到他也作了一個歡樂的夢，而夢醒後的他陷入深深的憂傷中，讓我們來仔細看看這首詞吧！

在我國古代詩詞中，「春」的寓意豐富，它可以指自然界的季節，也可以指人世間的歲月；它可以表達理想，也可以借喻愛情。所以詞中的主人翁李後主在五更春寒中從夢中醒來，聽著窗外潺潺的雨聲，感受春日將盡的惆悵，直到「流水落花春去也，天上人間」，全詞貫穿著傷春的情緒，就不僅僅是受自然界變遷的影響了。他傷春之外，更傷生命的凋謝、故國的淪亡。也因傷國的原因，而有自責的心理。「夢裡不知身是客，一餉貪歡」，就一般人來說，貪歡是人之常情，何況是在春天，更何況又是在夢中！然而身為臣虜的李後主，卻依然沉溺在從前當君主時的享樂

中，即便是作夢，也讓人多麼尷尬與傷懷呀！

　　夢醒了，就要承受清醒時的悲哀。故國遠在重重關山外，欲歸無路。獨自憑欄眺望，徒然增添無窮的煩惱。「獨自莫憑闌，無限江山」，詞人身遭幽禁的壓抑、怨楚、傷感、絕望，盡在這九個字當中。而「別時容易見時難」，更將傷春、悲國的兩重情感打成一片。此時的李後主早已知道再見江山已是無期，果然創作這首詞後沒多久，李後主就到另一個世界去追尋他心目中永恆的夢境去了。

生活智慧

　　文人喜歡寫夢，因為夢可以寄託幻想，夢可以紓解憂傷。現實中失去的，在夢中可以復得；生活中缺憾的，在夢中可以彌補。李後主作了一個歡樂的夢，但夢就是夢，醒來的他，依然自責、傷懷，以及無盡的悲哀。

秋風月影故國情

往事只堪哀，對景難排。

秋風庭院蘚侵階。

一桁珠簾閑不卷，終日誰來？

金鎖已沉埋，壯氣蒿萊。

晚涼天淨月華開。

想得玉樓瑤殿影，空照秦淮！

——李煜《浪淘沙》

南唐亡國後，李後主變成大宋王朝的俘虜，一直被幽禁在汴京的一座小樓上。對於過慣熱鬧繁華生活的李後主來說，幽禁的日子無疑是寂寞，是痛苦，是難以忍受的。他失去了人身的自由，沒有經過批准，別人不能會見他，他更無法拜訪別人。其間，南唐舊臣徐鉉曾經去會見他，那是領受了宋太宗的旨意，而另一個曾經在南朝任職的鄭文寶，則只能裝扮成賣魚郎，和他說幾句話。

孤獨的李後主在這樣的心境下寫了《浪淘沙》。

詞的上闋寫他在孤獨中的種種思緒。後主在幽囚之中，有充分的時間去回顧往事。想到昔日的歡聚化作今日的分離；昔日的熱鬧只剩得今日的淒清；昔日的笙歌筵席換來今日的形單影隻，除了悲哀，也只有悲哀。再說，秋天到了，秋風颯颯、秋雨淅瀝，而庭院中，只見苔蘚爬上了久無人跡的台階上，這樣淒冷的景象，怎不叫後主感傷？耐不住孤獨的後主，多麼希望有人來見他呀！雖然明知不可能，他還是捲起窗簾，盼呀盼的，但是又能望見誰的身影呢？

詞的下闋寫他的故國之思。南唐建都金陵，據說金陵有帝王之氣，所以楚威王曾埋金鎖壓。三國的時候，它又是東吳的都城。太康元年，晉武帝派遣大將王濬率水軍順江而下，討伐東吳。吳人在長江的要害之處用鐵鎖橫絕江面，試圖阻擋晉軍的戰船。晉軍則用大火燒熔了鐵鎖，讓戰船得以通過。唐代詩人劉禹錫的《西塞山

懷古》前四句：「王濬樓船下益州，金陵王氣黯然收。千尋鐵鎖沉江底，一片降幡出石頭」就是吟詠此事。而後主詞中的「金鎖」二句又融化了詩意，並將因亡國而起的無邊悔恨、幽怨一起寄寓其中。

天色向晚，空中皎潔無雲、月華滿地。李後主對月悵望無邊的南天，他只能依稀想像月華下金陵城內的宮殿樓閣；想像煙暮下靜靜流淌的秦淮河水……。

秋風、月影，都有著後主的故國之思。

秋風月影故國情

生活智慧

南唐亡國後，李後主變成大宋王朝的俘虜，一直被幽禁在汴京的一座小樓上。對於過慣熱鬧繁華生活的李後主來說，幽禁的日子無疑是寂寞，是痛苦，是難以忍受的。他只能對著秋風、月影，思念故國。

落梅與春草

別來春半，觸目愁腸斷。

砌下落梅如雪亂，拂了一身還滿。

雁來音信無憑，路遙歸夢難成。

離恨恰如春草，更行更遠還生。

——李煜《清平樂》

　　仲春時節，春風處處，春花嫵媚。楊柳枝吐出新芽，青草叢冒出新綠。這是多麼令人陶醉、使人歡悅的季節呀！然而在遊子、思婦的眼中，它們喚起的不是歡樂，而是迷離憂傷的情懷。

　　李煜的這首《清平樂》所要寫的，就是仲春時節懷念遠方親人的感受。它的上闋描寫春景，下闋抒發離恨。在寫景中有抒情，在抒情中又有寫景。而這些都是透過落梅與春草來舖現的。

　　見落梅而傷懷，是詩（詞）人的常情。詩（詞）人的感情總是特別豐富。他們熱愛生活、流連生命，從而將對生命的關懷，普及於自然界的一花一木、一枝一葉，如今面對品格高潔的梅花，又怎能不鍾情呢？所以，在梅花未開前，詩人殷切寫詩（來日綺窗前，寒梅著花未）問它；梅花晚開，詩人又急迫地寫詩（迎霜破雪是寒梅，何事今年獨晚開？應爲花神無意管，故煩我輩著詩催）催它；梅花才剛剛綻放幾枝，詩人又深情地邀伴去訪它。如今梅花落了，片片的花瓣，落在詞人的身上，詞人的心中怎麼能不惆悵呢？「砌下落梅如雪亂，拂了一身還滿」，便是詞人精心塑造的情境。人見高潔的梅花，不免賞花、惜花；再見梅花飄落，不免傷懷春光漸逝；如今落梅滿身，有若紛亂的雪花，更暗示了詞人感春懷

親的迷離與悄恍了。

　　「離恨恰如春草，更行更遠還生」，是以道旁的青草來象徵離恨，這是對於傳統意象的繼承與改造。以春草來烘托景色、渲染情思，再以「更行、更遠、還生」來增加節奏感，使得詞境更加優美、活潑，更有韻味。

　　這首詞還用了兩個傳統的意象來表達離別相思，一是鴻雁傳書，一是歸魂入夢。雁來了，雁又飛走了，卻沒有帶來親人的消息，這是多麼叫人失望呀！有人說，人的魂魄可以往來入夢，若連在夢中也見不到親人，這就更叫人悲傷了。

生活智慧

　　李煜的這首《清平樂》所要寫的，是仲春時節懷念遠方親人的感受。它的上闋描寫春景，下闋抒發離恨。在寫景中有抒情，在抒情中又有寫景，而這些都是透過落梅與春草來鋪現的。

別離愁緒

櫻桃落盡春歸去，蝶翻輕粉雙飛。
子規啼月小樓西，玉鉤羅幕，惆悵暮煙垂。
門巷寂寥人散後，望殘煙草低迷。
爐香閑裊鳳凰兒，空持羅帶，回首恨依依。
——李煜《臨江仙》

櫻桃是春天的象徵。在大地回春的時候，它的花簇繁麗如雲，迎風舒展；它的果實嬌豔鮮紅，珠圓玉潤。櫻花、櫻桃都美麗極了，所以詩（詞）人都很愛吟詠。

櫻桃在初夏時成熟，「櫻桃落盡」便很自然的成為春歸的標誌。李後主在詞中所描寫的「櫻桃落盡」、「蝶翻輕粉」、「子規啼月」，都是晚春初夏的景象。它所要表達的又是怎樣的情致呢？蝴蝶原本是雙雙翻飛的，此時反而襯托出詞中主人的孤單；而子規在月夜中啼鳴，會讓人思念起遠方的親友，不過在這裡所要傳達的是對情人的相思。月下聽子規，思念離別的情人，就是它的蘊涵。

景中有情，景中有人。「玉鉤羅幕，惆悵暮煙垂」，描述詞的主人正佇立窗前，面對沉沉暮煙，浸沒在惆悵的情緒中。我們可以想像，情人離去後，孤寂淒冷的他，習慣性的在那裡癡癡眺望，希望情人歸來的身影出現在他的視野中，望著，望著，不覺暮靄低垂，眼前一片煙草迷茫。

詞的末三句寫室內的景致。「爐香閑裊鳳凰兒」，從香爐內升起的煙柱，在空中繚繞、盤桓，有若鳳凰的形狀，看在詞主人的眼裡又是多麼的感傷呀。「羅帶」所要表達的意象是男女的愛情，因為古人常用結帶表示「空持羅帶，回首恨依依」，就是說空結同心，卻兩情阻隔，不能相聚，只能「恨依依」了。

生活智慧 李後主在圍城中寫了這首詞，有人認為它抒發了亡國之思，其實從意境上來看，它純粹是一首表達男女情愛的詞章。

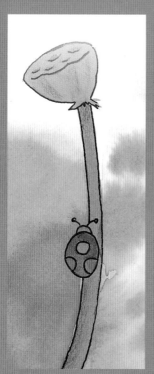

離恨如流水

林花謝了春紅，太匆匆。
無奈朝來寒雨晚來風！
胭脂淚，留人醉，幾時重？
自是人生長恨水長東！
——李煜《烏夜啼》

　　用意象來組合意境的詩詞，常常包含了多重的寓意，這首《烏夜啼》就是如此。它的上闋傷春，下闋傷別，承繼杜甫的「林花著雨胭脂濕」，並加以改造。寫的是被風雨摧殘的林花，而不是僅僅「著雨」而已；寫的是這樣的「朝來寒雨晚來風」，生生地把美好的春光給斷送了。一個「太匆匆」，一個「無奈」，道盡了詞人戀花惜花的心情。

　　而「胭脂淚，留人醉」承上啓下，語意雙關。受風雨摧殘的林花，狀若紅淚，這和女子因為傷別離而淚濕胭脂不是很像嗎？而這樣的情景又叫人如何不留戀？然而，離別在即、相見無期，離恨也就像東去的流水，永無盡頭。

　　藝術家筆下的世界，其實並非實相，真正探究起來，只是一種情緒的象徵而已。清代畫家惲南田曾就畫中之境這麼說：「諦視斯境，一草、一樹、一丘、一壑，皆靈想所獨闢，總非人間所有。其意象在六和之表，榮落在四時之外。」對於這首《烏夜啼》，我們也可以這麼想。面對後主筆下這朵絢麗但脆弱的紅花，我們不知它來自何處、歸向何方？我們不懂，它是生命的體現、理想的寄託、家國的幻象，抑或真的只是一位美麗少女的倩影？所以，我們不知道，那「胭脂淚」是真實、是隱喻，還是別的？但我們可以確定，這朵紅花不是人間所有，它開在詞人的靈台上，是詞人早晚用心血培育出來的。它經過整整一個多天的等待，終於開放了。開放得如此嬌豔，又如此脆弱！當它遭受風雨無情的摧殘，不得不凋謝時，正好與人生的缺憾發生了微妙的對應。刹那間，人們的心被無常的利箭穿透了，就算鐵石心腸的人也不禁黯然神傷、潛然淚下。

　　我們都知道林黛玉葬花,「明媚鮮豔能幾時,一朝飄泊難尋覓」,花是如此的脆弱,人又何嘗不是?所以林黛玉葬花,是葬她心中的那朵花。而李後主的那朵紅花也是一樣,他黯然的又豈只是「林花謝了春紅」而已!

暮色中等郎歸

東風吹水日銜山，春來長是閑。
落花狼籍酒闌珊，笙歌醉夢間。
珮聲悄，晚妝殘，憑誰整翠鬟？
留連光景惜朱顏，黃昏獨倚闌。
——李煜《阮郎歸》

開寶四年，後主的胞弟李從善出使宋朝，被宋太祖強留汴京，不得南歸。李後主上疏請求從善歸國，宋太祖不許。李後主因此倍感傷懷，每每登高北望，淚下霑襟。有人認為李後主寫了這首《阮郎歸》來表達他們兄弟間的情誼。

但《阮郎歸》詞調寫的多是男女離別相思之詞，而《阮郎歸》詞牌得名的由來關係著一個古老的傳說——在東漢明帝時，有兩個人，劉晨和阮肇，一起到天台山上探藥，不幸在山中迷路，餓得差點死去。恍惚間，他們望見遠處有一株大桃樹，樹上結滿了果實，他們哪知那是仙桃，便立即攀援而上，飽食一頓。後來在山中又遇見兩位仙女，一起飲酒，一起作樂，成了神仙眷侶。不覺間，劉晨、阮肇在山中住了半年，因為思家心切，別了仙女，回到村裡。這時才發現村屋已變了樣，再也見不到親舊，才知道山中的半年已是人間的七世。

這首詞假借阮郎遇仙女的神話故事，作為人間男女情思的話頭。寫法上亦真亦幻。上闋寫「醉」，下闋寫「思」。詞中先寫暮春的景色。東風吹來，落花遍地，好一幅晚春的景象，落日依山，已是日暮時分，而「阮郎」呢？這個沉浸在笙歌醉夢間的浪子，正留連歌舞酒宴中，早已將三春美好時光虛擲了。

詞中的女子將是多麼地怨嘆與思念呀！她想他、盼望著他的到來。畫好了晚妝，戴上珮環玉飾，她耐心地等待著，等呀等的，直到「珮聲悄，晚妝殘」，還是見不到他的影子，想到春光的美好、青春的可貴，為了自己、為了春光的流逝，她捨不得走，於是倚在欄杆前，在暮色蒼茫中，痴痴地一個人向著遠方眺望。

生活
智慧

　　這首詞是暮春懷人之作，寫的是男女間的離愁別恨。如果李後主寫它的原因是因為胞弟從善滯留汴京不能回來的緣故，即可看出後主這個人是多麼地多情善感，因為他在不覺間把自己比作詞中黃昏倚欄的女子了。

倉皇辭宗廟

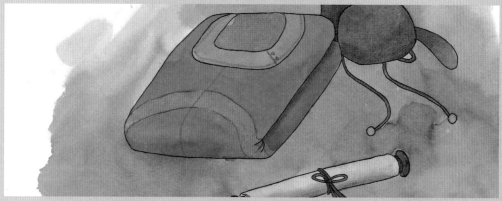

力拔山兮氣蓋世，時不利兮騅不逝。

騅不逝兮可奈何，虞兮虞兮奈若何！

——項羽《帳中歌》

四十年來家國，三千里地山河。

鳳閣龍樓連霄漢，玉樹瓊枝作煙蘿。

幾曾識干戈！

一旦歸為臣虜，沉腰潘鬢銷磨。

最是倉皇辭廟日，教坊猶奏別離歌。

揮淚對宮娥！

——李煜《破陣子》

秦朝末年，楚漢相爭，西楚霸王項羽兵敗，被圍垓下。夜裡，項羽聽聞四面楚歌，不勝悲傷，面對虞美人，不禁慷慨悲歌，因而有了這首《帳中歌》。李後主的境遇、氣質和項羽大不相同，他沒有「力拔山兮氣蓋世」的偉大魄力，但所寫的《破陣子》與項羽的《帳中歌》相比較，悽愴之情倒是相同的。

《破陣子》這首詞是描述李後主被俘北上後，在汴京追憶當年城破國亡、倉皇辭廟之事。上闋是對南唐的回憶，在時間上跨越了四十年，在空間上容納了三千里。南唐盛時，擁有廣袤的土地、豐富的物產，有上接霄漢的樓閣亭榭，有繁茂無垠的林木風景。生活在這樣的繁華境況中，李後主又怎麼懂得什麼是戰爭呢？

「幾曾識干戈」，短短一句話卻也看出後主的深深自責。長年沉醉於書畫藝術、詞章創作、學佛問禪，後主卻不懂得政治、戰爭。現在，「三千里地山河」一朝盡失，「四十年來家國」因我而亡，這在李後主的心中會有多麼深重的痛苦與愧疚呀。

下闋提到兩個人物，一是南朝人沈約，一是晉人潘岳。沈約曾在給朋友的信中訴說自己的腰肢因為多病而消瘦，潘岳則以鬢髮斑白來形容自己，後人便以「沈腰

潘鬢」四字當典故來訴說身體上的變化。李後主由君主淪為臣虜，這樣的打擊使得他的身體日見消瘦，頭髮也越顯花白了。

最讓李後主難以忘懷的是倉皇拜辭宗廟的那一幕。古時候的帝王諸侯在遇到軍國大事的時候，一定在宗廟前祭祀禱告，而後主的辭廟，是因為國家滅亡、身被俘虜的緣故。在這當兒，李後主是多麼地悲傷呀！而宮女猶奏著別離的音樂，在哀樂聲、悲歌聲、哭泣聲中，後主什麼也不能做，只能面對宮女，揮淚而別。

南唐盛時，擁有廣袤的土地、豐富的物產，有上接霄漢的樓閣亭榭，有繁茂的林木風景。而現在，「三千里地山河」一朝盡失，「四十年來家國」因我而亡，這在李後主的心中會有多麼深重的痛苦與愧疚呀。

多少恨，昨夜夢魂中

閒夢遠，南國正芳春。

船上管絃江面綠，滿城飛絮混輕塵。

忙殺看花人！

閒夢遠，南國正清秋。

千里江山寒色遠，蘆花深處泊孤舟。

笛在月明樓。

——李煜《望江梅》

　　李後主入宋後，經常在夢中回到江南故國，再次見到江南美好的山河景色。讓我們想一想，在風光明媚、景象萬千的江南故國，春天，有碧綠的江水，遊船上有悠揚的管絃樂，在滿城飛絮中有來來往往的看花人。秋天，寒山凝翠，景象清遠，蘆花深處，夜泊孤舟。長空月華，一泄如水，更有那「長笛一聲人倚樓」的高情逸趣。這是一幅幅多麼動人的圖畫呀！當李後主夢中重遊時，他那寂寞的靈魂完全融化在這和諧歡樂的幻境中了。

　　然而夢醒後他的心情又是怎樣的呢？讓我們看看他的《望江南》：

多少恨，昨夜夢魂中。

還似舊時遊上苑，車如流水馬如龍。

花月正春風！

多少淚，斷臉復橫頤。

心事莫將和淚說，鳳笙休向淚時吹。

腸斷更無疑。

夢醒後的他，就只有恨與淚了。這裡的恨不是仇恨，而是一種心靈上的巨大創痛。這種創痛來自於強烈的人生反差——夢中有著舊日的歡遊，夢醒後卻是幽囚的悲哀；夢中有著車水馬龍的繁華，夢醒後卻是孤苦無依無人問。夢中的「花月正春風」，更反襯出今日臣虜生涯的淒苦與無奈。

　　詞人哭了。儘管對人訴說心事可以排遣內心中的痛，對月吹笙可以舒緩受壓抑的悲，然而他卻什麼也不能做、不能說，除了哭，哭到淚盡腸斷而已。

生活智慧　現實的冷酷與不滿可以用夢來彌補，但卻不能改變現實。這時，除了面對與接受現實之外，別無他法。不能說、不能做，只能寫，也因為這樣，後主才能寫出了千古詞章。

106-□□
台北市新生南路3段88號5樓之6

揚智文化事業股份有限公司　　收

□□□-□□

地址：　　市縣　　鄉鎮市區　　路街　段　巷　弄　號　樓

姓名：

葉子
Leaves
Publishing

書號 L1009　　　書名 李後主，你在說什麼？

葉子出版股份有限公司

讀・者・回・函

感謝您購買本公司出版的書籍。
為了更接近讀者的想法，出版您想閱讀的書籍，在此需要勞駕您
詳細為我們填寫回函，您的一份心力，將使我們更加努力！！

1.姓名：＿＿＿＿＿＿

2.性別：□男　□女

3.生日／年齡：西元＿＿＿＿年＿＿＿月＿＿＿日＿＿歲

4.教育程度：□高中職以下　□專科及大學　□碩士　□博士以上

5.職業別：□學生□服務業□軍警□公教□資訊□傳播□金融□貿易
　　　　　　　　□製造生產□家管□其他＿＿＿＿＿＿

6.購書方式／地點名稱：□書店＿＿＿□量販店＿＿＿□網路＿＿＿□郵購＿＿＿
　　　　　　　　　　　　　　　□書展＿＿＿＿□其他＿＿＿

7.如何得知此出版訊息：□媒體＿＿＿□書訊＿＿＿□書店＿＿＿□其他＿＿＿

8.購買原因：□喜歡作者□對書籍內容感興趣□生活或工作需要□其他

9.書籍編排：□專業水準□賞心悅目□設計普通□有待加強

10.書籍封面：□非常出色□平凡普通□毫不起眼

11. E—mail：＿＿＿＿＿＿＿＿＿＿＿＿＿＿＿＿＿＿＿＿＿＿＿

12喜歡哪一類型的書籍：＿＿＿＿＿＿＿＿＿＿＿＿＿＿＿＿＿＿

13.月收入：□兩萬到三萬□三到四萬□四到五萬□五萬以上□十萬以上

14.您認為本書定價：□過高□適當□便宜

15.希望本公司出版哪方面的書籍：＿＿＿＿＿＿＿＿＿＿＿＿＿＿

16.本公司企劃的書籍分類裡，有哪些書系是您感到興趣的？

□忘憂草（身心靈）□愛麗絲（流行時尚）□紫薇（愛情）□三色堇（財經）

□ 銀杏（健康）□風信子（旅遊文學）□向日葵（青少年）

17.您的寶貴意見：

＿＿＿＿＿＿＿＿＿＿＿＿＿＿＿＿＿＿＿＿＿＿＿＿＿＿＿＿＿＿

☆填寫完畢後，可直接寄回（免貼郵票）。
　我們將不定期寄發新書資訊，並優先通知您
　其他優惠活動，再次感謝您！！

Leaves
Publishing

根　以讀者爲其根本

莖　用生活來做支撐

葉　引發思考或功用

　獲取效益或趣味